AF370446

Tirso de Molina

El caballero
de Gracia

Barcelona **2024**
Linkgua-ediciones.com

Créditos

Título original: El caballero de gracia.

© 2024, Red ediciones S.L.

e-mail: info@linkgua.com

Diseño de cubierta: Michel Mallard.

ISBN tapa dura: 978-84-1126-237-8.
ISBN rústica: 978-84-9816-493-0.
ISBN ebook: 978-84-9897-048-7.

Sumario

Brevísima presentación

La vida

Tirso de Molina (Madrid, 1583-Almazán, Soria, 1648). España.

Se dice que era hijo bastardo del duque de Osuna, pero otros lo niegan. Se sabe poco de su vida hasta su ingreso como novicio en la Orden mercedaria, en 1600, y su profesión al año siguiente en Guadalajara. Parece que había escrito comedias y por entonces viajó por Galicia y Portugal. En 1614 sufrió su primer destierro de la corte por sus sátiras contra la nobleza. Dos años más tarde fue enviado a la Hispaniola (actual República Dominicana) y regresó en 1618. Su vocación artística y su actitud contraria a los cenáculos culteranos no facilitó sus relaciones con las autoridades. En 1625, el Concejo de Castilla lo amonestó por escribir comedias y le prohibió volver a hacerlo bajo amenaza de excomunión. Desde entonces solo escribió tres nuevas piezas y consagró el resto de su vida a las tareas de la orden.

Personajes

Jacobo, el Caballero de Gracia
Ricote, lacayo
Isabela, dama
Decio, criado
Lamberto, caballero
Julio Cataño
Esperanza, criada
Camilo, caballero
Sabina, dama
Conrado, caballero
Ginés
Paulo Adorno, caballero
El cardenal Espinosa
Don Cristóbal de Mora
Don Pedro, caballero
Fisberto, caballero
La Princesa doña Juana
Don Diego, caballero
Don Juan
El Rey Felipe II
Inés, criada
Roberto
Un Ángel
Un Capitán
Un Criado
Un Paje
Un Pintor
Músicos

Jornada primera

(Sale el Caballero de Gracia y Lamberto, su cuñado.)

Lamberto   Pues a mi cargo has quedado,
tu remedio está a mi cuenta,
y así quiero darte estado.

Caballero   Si tu amor honrarme intenta,
trueca el nombre de cuñado
  en el de hermano apacible;
no fuerces mi inclinación,
mira que es cosa terrible,
sabiendo mi condición,
casarme.

Lamberto   Ya es imposible
deshacerse este concierto.

Caballero   ¿No ves que ya mi edad pasa
de los límites, Lamberto,
que piden bodas?

Lamberto   Tu casa,
como sin hijos han muerto
  tus padres, reduce en ti
mi nobleza y sucesión.
Palabra a Jacobo di
de casarte, y no es razón
no cumplirla.

Caballero   Resistí
a mis padres tantos años
el peso del casamiento,

Argel de penas y engaños,
sirviéndome de escarmiento
sucesos propios y extraños
   que ya en mis amigos veo,
ya entre mis parientes toco,
ya en varias historias leo,
¿y quieres volverme loco
violentando mi deseo?

Lamberto   Lo que no pudieron ellos
podrá hoy mi autoridad.

Caballero   Nunca enlaza amor dos cuellos
por fuerza, ni hay voluntad
que vaya por los cabellos.

Lamberto   En individuos tributo,
¿será bien que tú seas menos
que un roble tosco, que un bruto?
.... [-enos]
.... [-uto].

Caballero   Ya que tú casado estás
con Isabela, mi hermana,
el ser resucitarás
de nuestra casa.

Lamberto   ¡Qué vana
excusa a mis ruegos das!
   No se estima por mujer
la línea que ilustra al hombre
y da al hijo todo el ser,
pues del padre toma el nombre
quien se quiere ennoblecer.

             Deja de filosofar
y advierte que me encargó
que te obligase a casar
tu padre, cuando murió.
Y que a Sabina has de dar,
   mi hermana, la mano y si,
pues de Ferrara ha venido
solo a este efecto, o de aquí
has de irte.

Caballero   No es mal partido
el último para mí;
   pues si es el conyugal peso
de los cuerdos tan rehusado
y a tantos priva del seso,
más vale estar desterrado
que no vivir siempre preso.
   Mi natural es más quieto,
pues a la iglesia me inclino;
déjame, si eres discreto,
seguir aqueste camino,
más seguro y más perfeto.

Lamberto   Sabina es noble y honesta,
y en fin, mi hermana, que basta;
a mi gusto está dispuesta;
la mujer ilustre y casta
ni es liviana ni es molesta.
   De la tuya soy esposo,
si tú lo eres de la mía,
y a su dote caudaloso
juntas tu hacienda, sería
un parentesco dichoso
   el nuestro, y no habrá poder

que en Módena nos iguale.
Esto, Jacobo, ha de ser.

Caballero   La hacienda, hermano, ¿qué vale
en manos de una mujer?
    Gózala toda, y no intentes
cautivar mi voluntad
con tantos inconvenientes.

Lamberto   Cuando mires su beldad,
sus costumbres excelentes,
    su discreción y valor,
aunque un mármol fueses frío,
te has de abrasar en su amor.
Jacobo, éste es gusto mío,
no provoques mi rigor,
    en una quinta te espera,
hoy las vistas han de ser;
imita a la primavera
en galas, porque es mujer
de buen gusto, y no quisiera
    que en ti hallase imperfección
que su amor desazonase.
Háblala con discreción
y finge, aunque no te abrase,
que eres de su Sol Faetón;
    no apartes los ojos de ella,
suspira de cuando en cuando,
tómala la mano bella.
Si estás con otros hablando,
hazla entender que, por ella,
    ni en lo que dices estás
ni a propósito respondes,
y de esta suerte verás

qué presto en tu pecho escondes
el gmór que huyendo vas
   y que empiezas a adorar
lo que, por no conocer,
hasta aquí te dio pesar;
que esto de amar y comer
no está en más que en comenzar.

   Voy a llamar quien te vista
de vistas, porque has de ir luego.

(Vase Lamberto.)

Caballero   Mejor me fuera el ir ciego
que a tales vistas con vista.
Cielos, para que resista
tal violencia, dadme fuerza
antes que Lamberto tuerza
mi inclinación y la doble,
que no es la voluntad roble
que ha de dar fruto por fuerza.
   Yo estoy contento, mi Dios,
con mi quieta soledad.
¡Aquí de Dios! Libertad,
¿por qué no volvéis por vos?
Mas diréisme que entre dos
conserva el Amor su estado,
que la soledad da enfado;
mas solo da luz Apolo,
que más vale vivir solo
que no mal acompañado.

(Sale Ricote con una fuente, capa y gorra con plumas, y aderezo de espada
dorada.)

Ricote   El novio recoleto
                        a vistas, Amor te llama;
                        gorra con plumas, la fama
                        te ofrece calza y coleto.
                           Módena te espera toda
                        con la novia en una quinta
                        donde el abril mayos pinta;
                        goza del pan de la boda
                           que te amasa la belleza
                        de una mujer, que ahora es
                        miga toda, aunque después
                        se te ha de volver corteza.
                           Busca dientes de diamante,
                        porque las mujeres son,
                        por lo dulce, de turrón;
                        por lo duro, de Alicante,
                           y buen provecho te haga.

Caballero   ¡Ah, Ricote, que haya dado
                        en casarme mi cuñado!

Ricote   El nombre te satisfaga
                           y haz lo que manda, no gruña,
                        que es cuñado con ventaja,
                        y en fe de serlo te encaja
                        su hermana en lugar de cuña.
                           Vístete si has de ir allá.

Caballero   Bien sabes tú cuán pesado
                        tiene de serme este estado.

Ricote   Si un yugo por premió da,
                           ya sospecho las molestias

de una mujer que es verdugo,
que nunca se pone el yugo
si no es para domar bestias.

    Diérante a ti andar de día
de jubileo en sermón,
no dejar congregación,
no perdonar obra pía,

    disminuyendo procesos,
consultando confesores,
reprehendiendo jugadores,
pagando deudas a presos,

    y de noche en hospitales,
entre humildes ejercicios,
desopilando servicios
y bazucando orinales.

    En oyendo el esquilón,
a pesar del lodo y vientos,
acompañar sacramentos,
dar a pobres tu ración.

    Volver a casa desnudo
y rezando Ave Marías,
cenar dos lechugas frías
y un huevo entre asado y crudo.

    Dormir sobre una tarima,
poco y mal, y cuando al alba
hacen los pájaros salva,
tener ya rezada prima.

    Que en este entretenimiento,
que otros llamarán castigo,
no estimarás en un higo
el más rico casamiento.

Caballero   Eso, Ricote, apetezco,
y sin ello me hallo mal;

mi inclinación natural
es, poco en ello merezco;
   pero, en fin, me dan mujer.

Ricote
   Casarte y tener paciencia,
que no es mala penitencia
si la acostumbras a hacer;
   que, en fe de lo que aprovecha,
puedes hacer, si te casas,
cuenta, señor, que te pasas
a religión más estrecha.

Caballero
   Más con eso me molestas.

Ricote
   Vístete si habemos de ir.

Caballero
¿Cómo he de poder sufrir
tan terrible peso a cuestas?

Ricote
   Como quien lleva la cruz
del matrimonio, excelente;
tú serás el penitente
y yo el cofrade de luz.
   Mas mira: si al fin te casas
y vivir seguro quieres,
haz cuenta que las mujeres
son castañas en las brasas
   —regalarlas y quererlas—
mas, si en fe de tus amores,
se te suben a mayores
porque no falten morderlas,
   ni tanta mano les des
que vengan a ser cabeza,
ni muestres tanta aspereza

que las trates como a pies.
    Si de estos extremos dos
quieres hallar el remedio,
la virtud consiste en medio,
que no sin misterio Dios,
    cuando a la mujer ser da,
en fe de esta maravilla
la formó de una costilla
que en medio del cuerpo está.
    Y con esto emplúmaté,
pues ya te has puesto- las galas.

Caballero   ¡Ay plumas, servidme de alas,
                   y de una mujer huiré!

Ricote   No me espanto que te pese,
                   que es carga de ganapán,
                   y si Dios se la dio a Adán
                   aguardó que se durmiese.

(Salen Sabina, Isabela y Camilo.)

Sabina   ¡Bella quinta!

Camilo   ¡Deleitosa!
                   En ella la primavera,
                   que en estas bodas espera
                   verte de Jacobo esposa,
                       también hace ostentación
                   de sus galas al Abril.

Isabela   Mira en tazas de marfil
                   brindar la murmuración
                       de estas fuentes a la risa,

que cuando a la sed provocas
por ti se hace todas bocas.

Camilo   Mientras murmura te avisa,
                          si no es que te reprehende,
                       del mal pago que a Conrado
                       con esta mudanza has dado.

Sabina   Mi hermano su amor ofende,
                          que a casarme me ha traído
                       y es fuerza el obedecerle
                       si por padre he de tenerle.
                       Sabe Dios que he resistido
                          su voluntad hasta aquí;
                       está mi dote a su cuenta.
                       ¿Qué he de hacer?

Isabela   Mi esposo intenta,
                       juntando tu hacienda ansí
                          con la de mi hermano, hacer
                       de todas cuatro una casa.

Camilo   Cuando sepa lo que pasa,
                       Conrado ha de enloquecer
                          de pena y celos.

Sabina   No hay ya
                       quien de celos pierda el seso.

Camilo   Que te adora te confieso.

Sabina   La ausencia le curará;
                          que en Ferrara hay medicina
                       y contrahierba de amor.

Camilo   Aunque el médico mejor
es el tiempo, en fin, Sabina,
   si es amor enfermedad,
mientras sus términos pasan,
¿qué ha de hacer cuando le abrasan
memorias de tu beldad?
   Si él supiera que venías
a más que a ver a tu hermano,
y que usurparle la mano
que suya juzgó querías,
   a otro Ariosto diera copia
para escribir sus locuras.

Sabina   Orlando hacerle procuras,
aunque en mí es la historia impropia,
   que ni Angélica me llamo
ni le dejo por un moro,
pues ni es, Jacobo, Medoro,
ni con liviandad le amo.
   A vistas vengo, ¿qué quieres?
Lícito es ver.

Camilo   Es verdad;
mas tenéis la voluntad
en los ojos las mujeres.
   No saldrás libre de aquí;
avisar quiero a Conrado,
aunque si él fuera avisado
no se apartara de ti;
   porque es la mujer, en suma,
como el pájaro liviano,
que en abriéndole la mano
vuela, y si deja algo es pluma.

(Vase.)

Sabina   En fin, Isabela hermosa,
              ¿tengo de ser tu cuñada?

Isabela   Y aunque en el nombre pesada
              en las obras amorosa.

Sabina   ¿Jacobo de Gracia es
              discreto, cuerdo, apacible?
              ¿Es riguroso o terrible,
              conversable o descortés?
                Que habiendo de vivir tanto,
              con él, justo es que me informe
              si es a mi gusto conforme.

Isabela   Mi hermano es, amiga, un santo.
                No te pueden dar los cielos
              más segura compañía;
              no, temas, Sabina mía,
              que te desvele con celos;
                que jugándote tu dote
              tus joyas empeñe o venda;
              que desperdicie tu hacienda,
              que tus deudos alborote,
                porque no es de aqueste mundo,
              y aunque a su simplicidad
              dan nombre de necedad,
              cortesanos en quien fundo
                todo el caudal en engaños,
              en las cosas de importancia
              es cuerdo, aunque la ignorancia
              hace burla de sus años.

20

Él, en fin, es importante
para ser de ti querido
y mejor para marido,
hermana, que para amante.

Sabina

Con eso me has enfriado
el alma. ¡Jesús mil veces!
¿Marido santo me ofreces?
Simple, hermana, le has llamado.
Si he de creer a la fama
ya sé que, subiendo el precio,
apacible nombra al necio
y sencillo al bobo llama.
Él será, a lo que imagino,
algún Junípero llano,
mentecato por lo humano,
devoto por lo divino.
Que andará desatinado,
y dirá que es por llaneza;
traerá baja la cabeza,
el cuello tuerto o bajado,
y dirá que es vanidad
lo que el uso galas llama.
Y si en muestras que me ama
saca a luz la voluntad,
que no será en todos días,
sino la Pascua de Flores,
en vez de decirme amores
me rezará Ave Marías.
¡Buena vida me prometo!

Isabela

¡Por ser compuesto ha perdido!

Sabina

Compuesto para marido,

mejor es para soneto.
    Quien no ha sido buen amante
mal buen marido será.
Amor, aunque atado está
al matrimonio constante,
    no pierde su inclinación,
antes con él se aquilata.
Sabrosos regalos trata,
las galas su esfera son
    con que alivia los enojos
que el enfado solicita,
ya su esposa necesita
a no apartar de él los ojos.

Isabela   De tu condición me espanto.

Sabina   Viviré triste en extremo
si por marido le temo
y le respeto por santo.

(Sale el Caballero de Gracia, muy galán, Ricote, Lamberto y Esperanza.)

Lamberto   Por mostraros, mi Sabina,
que en todo soy vuestro hermano,
un esposo de mi mano
daros mi amor determina.
    Que si en el vuestro se abrasa
y os recibe por mujer,
vendremos los dos a hacer
una hacienda y una casa.
    Estimadle, que yo espero,
si el sí y la mano le dais,
que por él no maldigáis
Jamás al casamentero.

Turbada estaréis, ¿quién duda,
que, como hoy las vistas son,
en la novia es discreción
de turbarse y el ser muda?
    Si no os ciega beldad tanta
el ser cortés os inclina.
(Al Caballero.) Hablad, Jacobo, a Sabina.

Caballero   Dios, señora, os haga santa.

Sabina   ¿Por santidades comienza?

Ricote   Devota salutación
para entrada de un sermón.

Lamberto   El novio tiene vergüenza,.
    su turbación perdonad;
que el más discreto, cuando ama,
la primer vez que a su dama,
ve, dice una necedad.

Ricote   ¿Una? El dirá más de ciento.

Caballero   ¿Por necedad juzgáis vos
el rogar, hermano, a Dios,
que le haga santa?

Lamberto   El intento
    es bueno, pero no viene
a propósito.

Caballero   Confuso
estoy.

Lamberto   El amor y el uso
su idioma y estilo tiene.

Caballero   Pues ¿qué había de decilla
a fuer de los cortesanos?

Lamberto   «Bésoos, señora, las manos»,
y luego arrastrar la silla
y preguntar: «¿cómo estáis?»
que es el común abecé.

Caballero   «Bésoos las manos?» ¿por qué?
Necedad en mí llamáis
el decir que la haga santa
Dios, ¿y en el mundo no veis
.... [-eis]
si su mal uso os espanta?
Estornuda un caballero,
y los que le corresponden,
«bésoos las manos», responden,
en pie, quitado el sombrero.
Y los que Dios os ayude
dicen, ¿no son cortesanos,
en fin, que besan las manos
al otro porque estornude?
Miren qué merced les hace:
traen luces cuando anochece,
y descortés les parece
el cuerdo que satisface
con decir que Dios les dé
buenas noches; solamente
al besamanos consiente
el uso necio, ¿por qué,
si tú la luz no has criado,

besarte es bien que permitas
las manos y a Dios le quitas
las gracias, que te ha alumbrado?

Lamberto

Calla, y la costumbre admite,
que esto se usa en nuestro idioma.

Caballero

Y será ley de Mahoma,
que disputas no permite.
Yo no nací para esto;
sácame, hermano, de aquí,
y cásese otro por mí.

Lamberto

Jacobo, no seas molesto;
ya has venido, no es razón,
si cortesano te llamas,
que quedes entre las damas
en mala reputación.
No desdice el ser cortés
de la virtud que te inclina;
siéntate junto a Sabina;
dile amoroso después
la buena suerte y ventura
que se te sigue de vella,
que estás perdido por ella,
que al Sol vence su hermosura,
que su discreción te admira.

Caballero

¿Eso he de decirle?

Lamberto

Pues.

Caballero

Tú debes de ignorar que es
pecado el decir mentira.

Lamberto   Eso es encarecimiento
que usa el amor de ordinario.

Caballero   Afirmando lo contrario
de lo que imagino, miento.
    Si yo por mujer la tengo,
¿por qué Sol la he de llamar,
ni cómo podré afirmar
que a verla perdido vengo,
    si no es porque el tiempo pierdo
de que a Dios he de dar cuenta?
Mentir un noble es afrenta;
téngame por necio o cuerdo,
    cáusela gusto o enfado,
mal o bien conmigo esté,
porque yo no mentiré
por cuanto Dios ha criado.

Lamberto   Anda, hipócrita, que están
por ti en pie, siéntate allí;
lo que te enseño la di;
sé cortesano y galán,
    que ¡vive Dios! si en desprecio
de lo que mando que digas
con amores no la obligas
y te confirma por necio,
    que sí hará, porque es discreta,
que en Módena no has de estar
un hora, ni has de gozar
tu herencia.

Caballero   Poco me inquieta
la codicia de mi hacienda;

pero voy por no enojarte.

Isabela   Si basta, hermana, a obligarte
mi amistad, aunque te ofenda
  el poco curso que tiene
mi hermano en cosa de amores,
házmele muchos favores;
enamórale, pues viene
  a domesticarse un bruto
con la costumbre suave,
que, si lo que es amor sabe,
tú verás, Sabina, el fruto
  que sacas de ser su esposa,
y la vida que gozamos
si juntas las dos estamos.

Sabina   Por darte, Isabel hermosa,
  gusto, y agradar a mi hermano,
lo que mandas quiero hacer;
el galán tengo de ser
esta vez, por lo que gano
  de estar en tu compañía.
Toma esta silla, señor.

Ricote (Aparte.)   (Albarda fuera mejor.)

Sabina   Asentaos, por vida mía.

Caballero   No haré cierto,. yo estoy bien,
sentaos, mi señora, vos.
(Aparte.)   (Sacadme de esto, mi Dios.)
Sentaos, Lamberto, aquí.

Lamberto   Bien.

No soy yo el que a vistas vengo,
aquése es vuestro lugar
y éste el mío, porque hablar
un poco a mi esposa tengo.

Sabina

Por mi vida, que os sentéis.

Caballero

Dos veces habéis jurado.
¡Jesús! Yo ya estoy sentado
a trueco que no juréis.

(Siéntase.)

Y si se hace el casamiento,
quiéroos, señora, avisar
que nunca habéis de jurar,
porque es contra el mandamiento
segundo.

Sabina (Aparte.)

(¡Pobre de mí!
¿Esto escucho y no me muero?)
En muestra de lo que os quiero
yo juro cumplirlo ansí.

Caballero

Pues no juréis otra vez.

Sabina (Aparte.)

(¡Qué necio y qué escrupuloso!
Libertad, con tal esposo
ya desearéis mi viudez.)

(Hablan aparte Esperanza y Ricote.)

Esperanza

Y él, ¿cómo ha callado tanto?

Ricote

No sé por dónde empezar
contigo, Esperanza, a hablar.

Esperanza   Pues qué, ¿da también en santo?

Ricote   No; mas un poeta amigo,
                     que en la corte de Castilla
                     es águila y maravilla,
                     hablando una vez conmigo,
                        me dijo, viendo el ensayo
                     de una comedia famosa:
                     «Ya, hermano, es cansada cosa
                     que entre fregona y lacayo
                        siempre empiecen su papel
                     con esto. ¿Y él no habla nada?
                     ¿Y ella es soltera o casada?
                     Porque esto de y ella y él
                        era sagrado y chorrillo
                     de toda plebeya masa,
                     y ya en la corte no pasa
                     lacayo con estribillo,
                        y temo, si así le trato
                     y allá me ven algún día,
                     la grita y silbatería.»

Esperanza   Líbrenos Dios de un silbato.

(Hablan aparte Lamberto e Isabela.)

Lamberto   ¡Que se haya un hombre criado
                     en mitad de Italia, que es
                     madre del trato cortés,
                     y que liciones ha dado
                        a mil bárbaras naciones
                     que su imperio han adquirido,
                     y en más estima han tenido
                     que sus ricas posesiones

la urbanidad y crianza
que de su trato sacaron
y a sus patrias trasladaron
con que el ser de hombres se alcanza,
   y que este bruto, Isabela,
criado en la policia
de vuestra casa y caricia,
y en Módena, que es escuela
   del estilo y discreción,
hablar con una mujer
no sepa!

Isabela
   Si es menester
trato y comunicación
   para cualquier arte y ciencia,
y aunque en el siglo ha vivido
Jacobo, nunca ha tenido
de sus cosas experiencia.
   La cortedad no os espante;
tratadle en cosas de Dios,
y veréis que quedáis vos
torpe con él e ignorante.
   Cásese él, que esos extremos
el tiempo los vencerá.

Lamberto
 Hablando con él está,
lo que le dice escuchemos.

Sabina
En fin, ¿no me decís nada?

Caballero
Nada os digo, pues que callo;
yo os prometo que no hallo
cosa, señora cuñada,
   que deciros de momento.

Sabina   Créolo, que amor desnudo
                  a los principios es mudo,
                  y el propio efeto en mí siento,
                     que estoy muy enamorada,
                  señor Jacobo, de vos.

Caballero   Más vale estarlo de Dios,
                  que yo no os importo nada.

Sabina   Amaros para marido
                  no es con intento liviano.
                  Dadme, Jácobo, esa mano.

Caballero   ¡Jesús! ¿la mano?

Sabina   Encogido
                  sois, dadle acá.

Caballero   No hay que hablar,
                  o estas son vistas o no.

Sabina   Solo a veros vengo yo.

Caballero   Pues ver, pero no tocar.

Sabina   Mal debo de pareceros.

Caballero   No me parecéis muy bien.

Sabina   Grosero sois.

Caballero   Hago bien.

Sabina

(Levántanse.)

            Criado entre caballeros
        poco su trato se os luce.
        ¡Quitaos allá, descortés!
        Si con vos el interés
        que toda Italia produce
            me dieran, no os estimara
        para calzarme el chapín.
        Tosco. ¡Miren a qué fin
        me trajeron de Ferrara!
            Cuando a vuestro cargo esté,
        Lamberto, el darme marido,
        porque vuestra hermana he sido
        —que desde hoy no lo seré—
            haced de mí más caudal
        que el que aquí os he visto hacer;
        el matrimonio ha de ser
        en los consortes igual
            cuando no se menosprecia,
        y quien a un necio me da
        por marido, claro está
        que me ha tenido por necia;
            y eso en mí es injuria al doble,
        sabiendo quién es Sabina.
        Buscad, Lamberto, una encina
        con quien casar este roble,
            y hacedle antes desbastar,
        que se está con su corteza
        y no podrá la riqueza
        sobre ella un tronco dorar.
            Que, puesto que vine en vano,
        casarme a mi gusto espero,
        pues para casamentero
        tenéis tan pesada mano.

(Vase.)

Isabela

     Enojada, y con razón,
va Sabina, hermana mía.
¡Qué necio es el que porfía
forzar una inclinación!

(Vase.)

Lamberto

     Si hallara capacidad
en ti para reprehenderte,
castigárate de suerte
que de tu rusticidad
  quedaras arrepentido;
pero no lo sentirás,
porque tan bozal estás
que te falta hasta el sentido.
   Pero a las obras remito
lo que excuso de razones,
si más en Módena pones
los pies, si de este distrito
  no te vas, ¡viven los cielos!
que como loco he de hacer
que te salgan a correr
los muchachos. Pagarélos
  para que en calles y plazas
te persigan. Comunica,
rústicos, en quien si aplica
el vil natural que abrazas.
   Por la caperuza trueca
las plumas, galas del noble;
hiere con el hacha el roble,
derriba su leña seca,
  y vendiéndola, sustenta

tu bárbara vida, ansí,
porque, si vuelves aquí
en tu daño y en mi afrenta,
   yo vengaré el menosprecio
que hoy con mi hermana has tenido
con el castigo debido
que se suele dar a un necio.

(Vase.)

Esperanza   Ricote, adiós.

Ricote   Esperanza,
          ¿es amarme el irte ansí?

Esperanza   Ya no la tengas de mí,
pues por aquí va la danza;
   participas de tu amo
la poca dicha, perdona.
La maza va con la mona,
necio es el necio y el amo.
   Mientras con él estuvieres
necias serán tus demandas
que, en fin, dime con quién andas...

Ricote   Vaya.

Esperanza   ...y diréte quién eres.

(Vase.)

Ricote   ¡Buenos habemos quedado!
¿Qué habemos de hacer, señor?

Caballero

Libróse del cazador
el pájaro, el sentenciado
   del riguroso verdugo,
del naufragio el marinero,
del lobo el manso cordero,
la libre cerviz del yugo,
   del pirata el mercader,
y aún mayor mi dicha ha sido
pues que librarme he podido,
Ricote, de una mujer.
   ¡Oh, qué peso me han quitado
de encima del corazón!

Ricote

   Dicen que en cierta nación
era por rey adorado
   aquel que a cuestas tenía
la cosa de mayor peso,
saliendo con el suceso
quien más tiempo le sufría.
   Una vez se convocó
al pueblo a elegir cabeza,
y hubo quien tal fortaleza
entre los demás mostró,
   que un enano, entero tuvo
día y medio, sin que hubiese
quien competir se atreviese
con él; y al tiempo que estuvo
   casi el reino en su poder
y el pueblo le engrandecía,
salió otro que traía
a cuestas a su mujer,
   y la gente convocada
en su favor sentenció,
que con la mujer no halló

otra cosa más pesada.
    Mas si toca Dios de un hueso,
¿dónde piensas ir?

Caballero   No sé.

Ricote   Con capa y gorra y a pie,
¿qué dirán de nuestro seso?
    Si tomas mi parecer,
vuélvete, señor, a casa,
que todo enojo se pasa.

Caballero   Casa que huele a mujer
    no me la mientes, Ricote.

Ricote   Casarte han querido en ella,
mas dan dineros con ella,
que no hay esposa sin dote.
    Solo a quien casarse atreve
dineros y hacienda dan,
que es pagar al ganapán
la carga, por que la lleve.

Caballero   Deudos en Bolonia tengo,
a estudiar y a conocellos
iré.

Ricote   ¿Deudos? ¡Fuego en ellos!
Mal los conoces; no vengo
    en eso, aunque seguir quiero
tu buena o mala fortuna.

Caballero   Este traje me importuna.

Ricote

        Una capa y un sombrero
        tengo allí, con ella irás
mejor, si hemos de ir a pie;
ven por ella.

Caballero

              ¡Que hoy libré!
Voluntad, ya os tengo en más;
        que, aunque en tan terrible trance
me habéis costado mi hacienda,
bien podré, preciosa prenda,
decir que os compré de lance.

(Salen Lamberto, Conrado, Isabela y Sabina.)

Lamberto

        Yo solo en vuestros celos soy culpado;
como Jacobo corre por mi cuenta,
su hacienda trajo, y siendo su cuñado,
por mi industria y gobierno se acrecienta.
Parecióme, poniéndole en estado
y dándole a Sabina, que su renta
junta a la mía, la aumentara doble,
y una casa fundara rica y noble.
        Ni Jacobo ha tenido entendimiento
para estimar la dicha de este día,
ni yo noticia del honesto intento
que os ha obligado a honrar la sangre mía.
Mi hermana, con el mismo pensamiento,
a mis consejos resistencia hacía,
y aunque su honestidad cuerda callaba,
sus ojos me decían que os amaba.
        Yo alabo su elección, y que os escoja
por dueño suyo, sosegaos con esto.

Conrado

Si por esto Amor, por ser niño, se enoja,

también, Lamberto; se apacigua presto.
Sacóme de Ferrara la congoja
furiosa de los celos que me han puesto
en términos de hacer un desatino;
mas tras la tempestad el iris vino.
    Yo os perdono mi agravio.

Sabina   Y yo os adoro
con más estima agora que primero,
que poco precia, mi Conrado, el oro
quien no conoce el hierro y el acero.
Quien nunca empobreció no ama el tesoro,
más ejemplos aplicarme quiero,
que si los ojos hoy en otro he puesto,
más claro sale el Sol junto a su opuesto.

Conrado   En fin, ¿Jacobo me hizo competencia?

Isabela   Pluguiera a Dios que fuera para tanto.

Conrado   Yo, a lo menos envidio su inocencia.

Lamberto   Que es un bruto.

Conrado   Mejor diréis un santo
¿Qué es de él?

Lamberto   ¿Había de venir en mi presencia?
De Módena le eché.

Conrado   De vos me espanto.

Lamberto   Hágase hombre, si en su esfera cabe;
sepa del mundo, que harto de Dios sabe.

No me ha de entrar en casa en todo este año.

Conrado   Pues sabed que acusaros he venido
             de un huésped que os tendréis, si no me engañó,
             de no poco valor. Hoy ha partido
             veinte millas de aquí Julio Cataño,
             estimado en Italia y conocido
             en Roma por sus letras, sangre y celo;
             su tío es Cardenal de San Marcelo,
                 Juan Cataño.

Lamberto   Éste es en quien ha puesto
             la silla de San Pedro su esperanza.
             Si muere Sixto quinto es manifiesto
             que le ha de suceder.

Conrado   En su privanza
             presumo entrar, porque ha vacado un puesto
             que, si mi dicha y el favor le alcanza
             y con Sabina desposado quedo,
             enriquecer vuestros parientes puedo.
                 Fáltale el secretario, y como supe
             que a Roma se partía, convidarle
             con esta quinta quise.

Lamberto   Desocupe
             su espacio nuestro amor para hospedarle.

Conrado   Primero que otro aquesta plaza ocupe,
             si os parece, Lamberto, pienso hablarle
             esta noche.

Lamberto   Haréis bien, que la tardanza,
             como el provecho vuela, no le alcanza.

¿Vas, Isabela, a prevenir la cena?

Isabela

Pavos hay y capones.

Lamberto

Esta sala
cuelguen de telas, que es capaz y buena.

Conrado

En esta quinta no hay ninguna mala.

Lamberto

Maten vitelas.

Conrado

En la casa llena
fácilmente se sirve y se regala
a un príncipe, aunque venga de repente.

Lamberto

Camas ahí prevenid para la gente.

(Vase Isabela. Sale Ricote, después un Criado.)

Ricote

Lamberto, caballeros, dad ayuda
a Jacobo de Gracia, que, salteado
de bandoleros, morirá sin duda,
no siendo de vosotros ayudado;
su bárbara codicia le desnuda
y a un roble tosco de ese monte atado
los dineros le piden que no tiene;
huyendo mi temor la muerte viene.
    ¿Qué aguardáis? Cerca está, si tardáis tanto,
dadle por muerto. Vamos, caballeros.

Lamberto

O es hipócrita Jacobo o es santo.
Si es santo, ¿de qué teme bandoleros?
Dios volverá por él, causando espanto
a ese escuadrón de salteadores fieros;

si es hipócrita, pague con la vida
lo que merece su virtud fingida.

Criado   Monseñor está en casa.

Lamberto   Pues salgamos
a recibirle.

Ricote   ¡Que obligar no puede
vuestra crueldad!

Conrado   A socorrerle vamos.

Lamberto   Dios le socorrerá, no tengáis miedo.

Sabina   Más razón es que a Julio recibamos.

Lamberto (Aparte.)   (Ojalá le matasen, pues heredo
por mi mujer su hacienda.)

Ricote (Aparte.)   (¡Al fin, cuñado!)

Sabina (Aparte.)   (De su desprecio el cielo me ha vengado.)

(Vanse si no es Ricote.)

Ricote   Miren qué hay que esperar de aquesta gente.
¡Maldiga Dios quien en cuñados fía,
viles madrastras cree, suegras consiente;
que estos tres hacen una cofradía!

(Sale el Caballero de Gracia, desnudo.)

Caballero   Ricote: ¿estás ahí?

Ricote   Señor.

Caballero   Detente
y no des voces, que excusar querría
las injurias y enojo de Lamberto,
que, si me ve cual vengo, será cierto.

Ricote   ¿Que, en fin, te desnudaron?

Caballero   Harto ha sido
dejarme vivo; ser piedad confieso.

Ricote   ¿Piedad cuando te quitan el vestido?

Caballero   ¿Qué quieres? ¿no ves tú que viven de eso?

Ricote   Discúlpalos también.

Caballero   Agradecido
a quien le libra debe ser el preso.

Ricote   Donosa flema; no has de ser tan bueno
que te dejes echarla silla y freno.

Caballero   Dame esa capa, cúbreme y avisa
a mi hermana, si puedes, en secreto
de mi desgracia.

Ricote   Si está en camisa
Lamberto, mala noche te prometo.

Caballero   Haz tú que no lo sepa y vuelve aprisa,
mientras aquí me escondo.

Ricote   Eres discreto,
            que en viéndote Sabina repudiada,
            fiestas les ha de hacer tu encamisada.

(Vase. Salen Julio del cobertizo del camino, Lamberto y Conrado, y velos.)

Julio   Bien sabéis obligar, señor Lamberto
            al hospedaje quedo agradecido.

Lamberto   No ha un hora, Monseñor, que estaba incierto
            de esta dicha, que hubiera prevenido
            con la casa que ofrece este desierto,
            y regalos de Módena, el debido
            hospicio que se os debe y era justo.

Julio   Lo que no se previene da más gusto.
               ¡Agradable jardín! Yo no he rezado
            algunas Horas. Mientras se adereza
            la cena quiero echar este cuidado
            aparte.

Lamberto   ¿No le habláis?

Conrado   ¿Cómo, si reza?

Julio   Déjenme solo.

Criado   Todo está aprestado.

Conrado   ¿Adónde ha de dormir?

Lamberto   En esta pieza.

Conrado (Aparte.)   (Si me acomoda Julio con su tío
                           y sale Papa, enriquecer confío.)

(Vanse. Julio empieza a rezar santiguándose, y responde el Caballero de
Gracia desde donde está escondido.)

Julio   Deus in adjutorium meum intende.

Caballero   Domine ad adjuvandum me festina.

Julio   ¿Quién respondió? ¿qué es esto?

Caballero (Aparte.)   (¿Qué pretende;
                           cielos, mi natural que a esto me inclina?
                           Sin querer respondí; mas, si se ofende
                           y hacerme dar castigo determina,
                           viéndome así, ¿con qué disculpa intento
                           disminuir mi necio atrevimiento?)

Julio   ¿Quién es el que está escondido
                           tras esta murta?

Caballero (Aparte.)   (¿En qué dudo?)
                           Un hombre, señor, desnudo
                           del ingenio y del vestido.
                              No mirando lo que hacía,
                           cuando comenzó a rezar
                           respondí, sin reparar
                           que era vuestra señoria
                              el que estaba aquí, llevado
                           de un natural, que me obliga
                           que cosas devotas siga.

Julio   ¿Cómo estáis ansí?

Caballero	Un cuñado,
	que sabe mirar mejor
	por mi bien que yo estimalle,
	es causa que de este talle
	me esconda de su rigor.

Caballero

      Un cuñado,
que sabe mirar mejor
por mi bien que yo estimalle,
es causa que de este talle
me esconda de su rigor.

Julio

      ¿Quién es ése?

Caballero

      Es Lamberto.

Julio

¿Y él os hizo desnudar?

Caballero

Quísome, señor, casar,
que es peor; soy poco experto
  en materia de querer,
trájome a vistas aquí,
no se contentó de mí
la buena de la mujer;
  riñó Lamberto conmigo,
de casa me desterró
y el cielo, que conoció
cuán digno soy de castigo,
  me entregó a unos bandoleros,
a quien quedo agradecido,
pues, quitándome el vestido
y unos pocos de dineros,
  me dejaron con la vida.
Volvíme aquí despojado,
y entretanto que un criado
envío para que pida
  otro vestido a mi hermana,
aquí me quise ocultar
de Lamberto y excusar

de su cólera inhumana
  el enojo y la pasión.
Salió vuestra señoria,
y cuando rezar quería,
llevóme mi inclinación
  tras sí, y aunque sea verdad,
que no es fuerte esta disculpa,
perdóneme, que no hay culpa
donde falta voluntad.

Julio (Aparte.)	Yo os la he cobrado notable. (¡Qué apacible sencillez!) No hagáis temor que esta vez Lamberto enojado os hable; remediar esta desgracia quiero.
Caballero	Del cielo tengáis el premio.
Julio	¿Cómo os llamáis?
Caballero	Señor, Jacobo de Gracia.
Julio	¿Noble sois?
Caballero	Bueno quisiera saber ser, que es de estimarse, que solo el saber salvarse es nobleza verdadera.
Julio	Tal sea mi vida. ¿Habéis estudiado?

Caballero   Señor, sí;
artes en Bolonia oí.

Julio   Bueno, y ¿qué pluma tenéis?

Caballero   Razonable, aunque alabada
de algunos que bien me quieren,
que siempre amigos prefieren
lo que vale poco o nada.

Julio   Huélgome de saber eso.
¿Gustaréis de estar conmigo?

Caballero   Yo, Monseñor, soy amigo
de hablar verdades. Confieso
   lo bien que me puede estar
el serviros y estimaros;
pero no sabré adularos,
porque ni sé lisonjear,
   ni dejaré reprehender
lo que mal me pareciere
por cuanto tesoro adquiere
todo el humano poder.
   Querránme mal los criados,
que mi buen ánimo ignoran,
porque en palacio desdoran
a quien no dora pecados,
   y quien vicios no consiente
mal con señores lo pasa.

Julio   Este servicio a mi casa
le faltaba solamente,
   y vos le habéis de ocupar.
Reprehéndeme a mí el primero,

que eso busco y eso quiero.
Un hombre deseo hallar
    que las verdades me diga.
¡Hola!

(Sale Decio.)

Decio   Monseñor.

Julio   Vestid
este hombre; un baúl abrid.
Escuchad.

Caballero (Aparte.)   (¡Que me persiga
    la inquietud de esta manera!
Libréme de ser casado
y del palacio el cuidado,
agora, cielos, me altera.
    ¿Qué he de hacer si Dios lo quiere?
Él me tenga de su mano.)

(Háblale Julio al oído de Decio.)

Julio   Un vestido de mi hermano
le dad, y cuando estuviere
    en el traje que es decente,
me avisaréis.

Caballero (Aparte.)   (¿En efeto
he de servir?)

Julio   En secreto
le tendréis, que es conveniente
    por agora.

Decio   Harélo ansí.

Julio   Idos con ese criado,
                        secretario.

Caballero (Aparte.)   (Buen cuidado
                        llevo. ¿Secretario a mí?
                           ¿Qué pretendéis, vanidades?)

Julio   Andad, que si sois discreto,
                        yo os confiaré mi secreto,
                        y vos me diréis verdades.

(Vanse. Sale Isabela.)

Isabela   Bien puede vueseñoría
                        cenar, si ha rezado ya.

Julio   Quien en vuestra casa está,
                        señora, excusar podía
                           el camino, que ya siento,
                        pues, según me han regalado,
                        por no ir mal enseñado,
                        en ella quedarme intento.

(Salen Conrado y Lamberto.)

Isabela   Pluguiera a Dios, monseñor,
                        que, como lo encarecéis,
                        os sirviéramos.

Conrado   ¿Queréis
                        que, por no darle favor,

muera Jacobo en desprecio
de quien sois?

Lamberto   Impertinente
estáis. ¿Quién hay tan valiente
que pueda matar a un necio?

Julio   ¿Es hora ya de cenar?

Lamberto   Presto lo poco se guisa.

Julio   La jornada me da prisa;
yo suelo siempre pagar
   la posada adelantado,
y así quisiera hacerlo hoy.
A Roma, cual sabéis, voy,
no poco de ésta obligado,
   como tengáis en su corte
los dos pleito o pretensión
y en ella mi intercesión
alguna cosa os importe,
   contento haré la jornada,
y si no, saldré corrido
cual huésped que no ha tenido
con qué pagar la posada.

Conrado   Buena ocasión se me ofrece,
que le habléis por mí me importa.

Lamberto   Aunque siendo ésta tan corta
tanta merced no merece,
   quien pretende de ordinario
no pierde tiempo o favor.
Conrado sabe, señor,

que buscáis un secretario,
    y porque para este oficio
sé lo que es bien que presuma
de su ingenio y de su pluma,
estando en vuestro servicio
    quedaremos él y yo
obligados. Determina
ser de mi hermana Sabina
esposo, y no se atrevió,
    si no es por mi, a suplicaros
que esta merced nos hagáis.

Julio

Tarde, Conrado, llegáís;
no puedo en eso ocuparos,
    pero mejoraros si
con dueño más principal.
De mi tío el Cardenal
de San Marcelo entendí
    que desea acrecentar
su casa. Ya sabéis que es
en nobleza ginovés
y en opinión singular,
    y que le han pronosticado
que a Sixto ha de suceder;
pues le voy agora a ver,
yo haré de suerte, Conrado,
    que su secretario os haga,
y a Lamberto, camarero,
que así el hospedaje quiero
satisfacer.

Lamberto

        Si ansí paga,
    monseñor, vueseñoría
de dos horas el hospicio,

¿qué espera el que en su servicio
su aumento y vida confía?

Julio   Al secretario llamad,
Decio.

Decio   Voy, señor, por él.

(Vase.)

Julio   Negociad los dos con él
y una memoria le dad
 para que me acuerde en Roma
lo que los dos pretendéis,
que presto lo alcanzaréis
si él a su cargo lo toma.

(Sale Ricote; después el Caballero de Gracia con otro vestido.)

Ricote   .... [-í]
Tras mi desnudo escondido
ando, y se ha desparecido.
Mas ¿Monseñor está aquí?

Caballero   ¿Qué manda vueseñoría?

Lamberto   ¿Qué es lo que vemos, Conrado?

Conrado   Jacobo es, vuestro cuñado.

Lamberto   ¡Mi cuñado!

Conrado   No desvaría
la vista que en él me pinta

su imagen.

Lamberto   Bueno por Dios:
locos estamos los dos.
No ha un hora que de la quinta
   le eché, y avísannos luego
que le roban salteadores,
¿y había de ser él?

Conrado   Favores
son de su virtud, no niego
   lo que decís; mas tampoco
lo que veo oso negar.

Ricote   Mi amo es éste a pesar
de bellacos, o estoy loco.

Julio   Jacobo de Gracia, ved
lo que Lamberto y Conrado
os dicen.

Conrado   ¿Veislo?

Lamberto   Encantado
estoy.

Julio   Y cuenta tened
de avisármelo después.

Lamberto   ¿Qué es esto? ¡Fortuna escasa!

Julio   Aunque mal tendrá en su casa
el cardenal a quien es
   en la suya tan avaro,

que a vos de ella echaros pudo,
y cuando volvéis desnudo
no le osáis pedir amparo.
    Los dos vuestra pretensión
le referid, si os agrada,
porque no saldréis con nada
si no es por su intercesión,
    que me he inclinado a quererle,
al paso que vos, Lamberto,
le aborrecéis, y estad cierto
que en agradarle y creerle
    consiste el favor y gracia
que buscáis, y no la espere
en mí a quien no se la hiciere
el Caballero de Gracia.

(Vase.)

Caballero   No estéis, hermano y señor,
de verme, triste y confuso.
Dios estas cosas dispuso,
tercero y intercesor.
    Con monseñor diligente
prometo ser, sin venderos
embelecos por dineros,
mohatras del pretendiente;
    pues, contra las vanidades
con que la mentira vive,
hoy monseñor me recibe
para decir las verdades,
    y porque a cenar se asienta,
los brazos, hermano, os pido.
Vamos.

| Lamberto | De puro corrido... |

| Caballero | Callad, no hagáis de eso cuenta.
Dichosa fue mi desgracia;
gracias a Dios puedo dar. |

| Ricote | Y desde hoy te has de llamar
el Caballero de Gracia. |

Fin de la primera jornada

Jornada segunda

(Salen don Cristóbal de Mora, del hábito de Cristo, el Caballero de Gracia y
otros.)

Cristóbal
    Las cartas que de favor
la princesa ha recibido
del cardenal monseñor;
las ha su alteza leído
con muchas muestras de amor;
    y las reliquias que aplica
para el monasterio real
que a las Descalzas fabrica
agradece al cardenal,
y por ellas significa
    el favor que desea hacer
a vuesa merced.

Caballero
    En eso
muestra la princesa ser
hija de quien tuvo en peso
la Iglesia, que iba a caer
    por la impiedad luterana
que enfrenó en tiempo sucinto
contra la furia alemana.

Cristóbal
    Heredó de Carlos quinto
la princesa doña Juana
    su cristiandad y valor,
y de Felipe segundo,
su hermano y nuestro señor,
el celo con que en el mundo
es de la fe defensor.
    Hame mandado su alteza

que por extenso me informe
de su persona y nobleza,
porque con ella conforme
cuerdamente la largueza
  con que merced le ha de hacer
mientras en Madrid asista.

Caballero   Aunque es arrogancia el ser
de si mismo coronista,
fuerza es el obedecer.
  Módena, ciudad ilustre
estimada en Lombardia
por una de las mejores
que honran aquella provincia,
desde inmemorables tiempos
dio solar y casa antigua
al apellido de Gracia,
blasón de nuestra familia.
Cuento noblezas del mundo
por dar a vueseñoría
verdadera relación,
puesto que de más estima
es la virtud que la sangre.

Cristóbal   Una y otra califican,
y cuando las dos se hermanan
el valor inmortalizan.

Caballero   Diome a Jacobo de Gracia
por padre el cielo y mi dicha,
de aquella ciudad espejo,
y por madre a Margarita,
noble y célebre matrona,
apacible, recogida,

ni en el gobierno severa,
ni en el castigo remisa.
En fin, casi con las partes
que en la mujer fuerte pinta
Salomón en sus Proverbios,
si es de esta hipérbole digna.
Diome también una hermana
a su virtud parecida,
de su valor heredera
y, en fin, de tal madre hija.
Casáronla con Lamberto,
en quien su ascendencia cifra
el valor que dio a su casa
sangre generosa y limpia.
Quisieron hacer lo propio
conmigo, mas no se inclina
mi natural a este estado;
otro más noble me obliga,
y después de mil trabajos
que ocasionaron mis dichas
y ampararon mi inocencia,
el ánimo noble inclina
y piedad de Monseñor
Julio Cataño que iba
a Roma a instancia del Papa,
que en su casa me reciba.
Hízome su secretario,
y al cabo de algunos días
en que mereció alcanzar
un capelo y una mitra,
dio el cargo de mayordomo
de su casa y su familia
a Lamberto, mi cuñado;
pienso que a intercesión mía.

Crecí en crédito y amor,
y al mismo paso la envidia
creció en los interesados;
pero sin ella ¿quién priva?
Verdad es que ocasionó
mi condición enemiga
de callar faltas ajenas,
siendo tan grandes las mías,
su enojo, porque, avisando
al cardenal lo que veía
digno en casa de remedio,
fui causa de algunas riñas.
En fin, por esto o por todo,
con mi cuñado conspiran
mis domésticos contrarios;
mas no me desautorizan
con monseñor, pues, discreto,
testimonios averigua,
que a la verdad hermosean
afeites de la mentira.
Afrentados, pues, de ver
que sus intenciones sirvan
de escala, por donde suba
mi privanza más arriba,
una noche se conciertan
de esconder tras las cortinas
de mi cama una mujer
de las que en Roma hay perdidas.
Hizo esta hazaña el dinero;
meten la engañosa espía,
acuéstome descuidado
y al cardenal luego avisan,
que, incrédulo de tal cosa,
entra en mi aposento, y mira

aquel caballo troyano,
vil preñez de su malicia.
Llueven luego acusaciones
sobre mí, mofas y risas,
el torpe honesto me llaman,
de hipócrita me bautizan;
pero, sin precipitarse
el cardenal, examina
en mi rostro la inocencia,
donde es la vergüenza firma.
Llama a la mujer aparte,
amenázala que diga
la verdad, y sobre el potro
del temor, en fin, publica
los cómplices de mi agravio,
los ardides de la envidia,
la fuerza de la verdad
y el poder de la justicia.
Los demás, avergonzados,
su insulto, mudos, confirman,
que la turbación es juez
que se condena a sí misma.
Indignóse monseñor,
y a que dé cuentas obliga
a Lamberto de su hacienda
y que a los demás despida.
Mas salió de ellas tan mal,
que en solas cuatro partidas
en cuarenta mil ducados
le alcanza y le necesita
a vender toda su hacienda,
y no alcanzando estas ditas,
preso, y tarde arrepentido,
favores vanos mendiga.

Yo, que de aquel testimonio
libré, gracias infinitas
di al cielo, busco terceros
que por mí al cardenal pidan
dé licencia a mi quietud,
en el palacio oprimida,
para que, libre con ella,
seguro de enredos viva.
Tanto pudieron los ruegos,
mis lágrimas y porfía,
que, su voluntad forzando,
me vino a decir un día:
«No quiero, Jacobo, creer
que ingratitud os obliga
a que por vos mi afición
no sea bien correspondida.
Sé vuestro natural quieto,
lo que en palacio peligra
la virtud siendo envidiada,
y aunque por mí conocida
contra todos os defiendo,
soy hombre, y tal vez podrían
verisímiles engaños
acreditar sus mentiras.
Muchos contrarios tenéis,
y para que no os persigan,
es bien que salgáis de Roma.
A la Infanta de Castilla,
princesa de Portugal,
el cardenal mi tío envía
para el monasterio ilustre
y el hospital que edifica
en Madrid, entre otras cosas,
una caja de reliquias,

que son, de su devoción,
las prendas de más estima.
Partid con este presente,
veréis la mejor provincia
de Europa, donde la Iglesia
da a la fe segura silla;
donde las ciencias florecen,
donde la nobleza habita,
donde el valor tiene escuela
y donde el mundo se cifra.
Si os queréis quedar en ella
—que a todos su corte hechiza—
llevando en vuestro favor
cartas de mi tío y mías,
su alteza os hará merced,
y si en su reino os prohija,
yo os impetraré del Papa
alguna prebenda rica.»
Vi el cielo abierto con esto,
dile las gracias debidas;
deseaba ver a España,
dispuse, en fin, mi partida.
Llegué a esta corte famosa,
di las cartas y reliquias
a la señora princesa,
recibiólas de rodillas,
y a don Cristóbal de Mora
me manda acudir, que es dicha
no pequeña el enviarme,
señor, a vueseñoría,
cuya fama y cristiandad
hasta nuestra Italia admira,
y en cuyo favor espero
el buen fin de mi venida.

Cristóbal
Yo, señor Jacobo, estoy
contento con la noticia
que de sus cosas me ha dado,
y hago de ellas justa estima.
Informaré a la princesa,
haciendo de parte mía
lo que pudiese en su aumento;
mas espere, que ella misma
sale de palacio.

Caballero
Irá
a las Descalzas a misa.

Cristóbal
Y a ver a la emperatriz,
su hermana, doña María.

(Sale la Princesa de viuda, don Diego y acompañamiento.)

Princesa
Al rey, mi señor hermano,
he enviado a convidar
para que me venga a honrar
y con su celo cristiano
la fiesta nuestra autorice
y aumente su devoción.

Diego
Será la consagración
con su presencia felice.

Princesa
Ya mis Descalzas desean
que se pase el Sacramento
a su iglesia, y así intento
que este mes cumplido vean
su esperanza religiosa,

porque con su esposo estén,
y a las reliquias también
que con mano generosa
   me ha enviado el cardenal
de San Marcelo, deseo
hacer un rico trofeo
luego que del Escorial
   venga mi señor el Rey;
con ellas le haré un convite,
que sé el gusto con que admite
las joyas de nuestra ley.

Cristóbal   Aquí, gran señora, está
quien las trujo desde Roma,
y quien a su cargo toma
su aumento, la servirá
   con satisfación debida,
que su virtud y nobleza
merecen que vuestra alteza
le haga merced tan cumplida.

Princesa   Yo tengo deso cuidado,
pues sois hombre de valor.
El rey, mi hermano y señor,
ocho encomiendas me ha dado
   de Cristus en Portugal,
por que a mi disposición
las de a sujetos que son
de sangre noble y leal.
   Como aquí vivir queráis
y a vuestra patria olvidéis,
una de ellas gozaréis
si en Portugal os prohijáis.
   ¿Qué decís?

Caballero   Que el interés
                       de servir a vuestra alteza
                       tengo por naturaleza.

Princesa   Procurad prohijaros, pues,
                        y a don Cristóbal de Mora
                       por la encomienda acudid
                       cuando volváis a Madrid.

Caballero   Inmortaliza, señora,
                        la fama tal cristiandad.

Cristóbal   Ya somos de una nación;
                       yo haré que la prohijación
                       le den con facilidad.
                          Acuda a verme después.

(Vanse si no es el Caballero de Gracia.)

Caballero   Beso a vuesa señoría
(Aparte.)   las manos. (¡Qué cortesía!
                       Mas basta ser portugués.)

(Sale Ricote.)

Ricote   ¡Oh madre de gente extraña,
                       madre, punto y excelencia
                       de la real circunferencia
                       con que te corona España!
                          Goce tu apacible puesto
                       mi amo toda su vida,
                       sin que de ti se despida
                       jamás.

Caballero

Ricote: ¿qué es esto?

Ricote

¡Oh, señor! Enamorado
de Madrid, de gastos mar,
gracias la empezaba a dar
por los amigos que he hallado.

Caballero

¡Amigos tan presto!

Ricote

Es villa
que a todos hace merced;
los amigos que mi sed
ha hallado son la membrilla,
    la siempre enlutada y llana
que salta sin dar enojos
desde la taza a los ojos.
Esquivias la toledana
    que con ósculos de paz
se entra al alma por la boca,
Burguillos que brinda a toca
y los Molodros de Orgaz
    que se oponen a Ajofrín,
y contra injurias del cierzo
felpas que aforran el Vierzo
y martas de San Martín.

Caballero

¡Buenos amigos!

Ricote

Sí son
más leales los más viejos,
todos éstos, siendo añejos,
me roban el corazón.
    Pero unos curas seglares,

que aquí llaman taberneros
y andan bautizando cueros,
muestran, por darnos pesares,
   que aquesta corte encantada
al vino imitar procura
pues ni en ella hay verdad pura
ni amistad que no esté aguada.
   Pero, dejando esto, un pliego
tienes de Roma.

Caballero   Pues ¿vino
el correo?

Ricote   De camino
no ha media hora que a ver llego
   apearse en un mesón
cuatro padres carmelitas.
Yo, que nuevas exquisitas
busco siempre, veo que son
   romanos y conocidos,
y que el cardenal con ellos
te escribe. Si quieres vellos
sabrás casos sucedidos
   en Roma, y el desconcierto
y mala cuenta que dio
de sí Lamberto, que huyó
de la cárcel.

Caballero   ¿Quién?

Ricote   Lamberto,
   tu cuñado, con Sabina,
su hermana.

Caballero   ¡Válgame Dios!

Ricote   No se sabe de los dos.

Caballero   Donde viven me encamina
                      esos padres; hablarélos.

Ricote   Junto a la Puerta del Sol
(Aparte.)   están. (Babel español,
                   tus vinos son mis anzuelos.)

(Vanse. Salen Paulo Adorno, ginovés, y Sabina.)

Sabina   Paulo Adorno, sed cortés
                   y advertid que estoy casada.

Paulo   No repara Amor en nada.

Sabina   Mirad que sois ginovés
                   y os corre la obligación
                   con que aquella señoría
                   estima la cortesía
                   que ennoblece a su nación.

Paulo   Mirad vos que tengo preso
                   a Lamberto, vuestro hermano,
                   y que está solo en mi mano
                   acriminarle el proceso
                      que a instancia del cardenal
                   monseñor Julio Cataño
                   le puede hacer mucho daño,
                   pues, siendo poco leal
                      a su casa, su servicio,
                   provocando su venganza,

en mil ducados le alcanza
de sus cuentas y su oficio.
   Pues que librarlos prometo
y pajar esta cuantía
por él, si a la pena mía
acudís con el secreto
   que merece vuestro honor,
estimad la libertad
de vuestro hermano, y librad
con su peligro mi amor.

Sabina   Quedó mi esposo Conrado
preso en Roma, y por no dar
a atrevimientos lugar,
que con el mismo cuidado
   que vuestra locura engaña
intentó algún atrevido,
tuve por mejor partido
venir con mi hermano a España,
   y ya que perdió su hacienda
mi hermano, no será bien
que su honra pierda también
y en mil ducados la venda.
   Pues, poniéndola en mi mano,
quiso dejarla a mi cuenta,
por deudas no será afrenta
el estar preso mi hermano.
   Mas, decid, si me deshonra
de vuestro amor el exceso,
¿no es mejor honrado y preso
que salir libre y sin honra?

Paulo   Mirad que declararé
los insultos de Lamberto,

porque de su desconcierto
todos los excesos sé.
　　Forzarásme a deshonrarle,
y no es bien, siendo mi amigo.

Sabina　　　　　　　　¿Puede darle más castigo
la justicia que afrentarle?
　　Pues si eso vuestra malicia
intenta y le ejecutáis,
¿en qué os diferenciáis
de la más cruel justicia?
　　Idos, amigo inconstante,
y esto os baste por castigo,
que quien es tan ruin amigo
mal puede ser buen amante.

Paulo　　　　　　　　Básteme para venganza
de aquese desdén tirano
que esté preso vuestro hermano;
quíteseos la esperanza
　　de verle suelto jamás;
poco su peligro os mueve
y poco Lamberto os debe.
Yo procuraré de hoy más,
　　ingrata, desconocida,
de que vuestro poco seso
agrave más el proceso.

Sabina　　　　　　　　¡Ay hermano de mi vida,
　　que pudiéndote soltar
tenerte preso consienta!
Pero, ¡ay honor! vuestra afrenta,
¿no es más de considerar?
　　¿Qué haré en confusión tan grave,

donde el amor y la honra
concurren? Mas la deshonra
no afrenta si no se sabe.

     Espera, Adorno. (¡Ay de mí!)

Paulo

     La dicha de vuestro hermano
depende de vuestra mano.

Sabina

     ¿Guardaréis secreto?

Paulo

              Sí.

Sabina

     Luego os alabáis los hombres
en gozando a una mujer.

Paulo

     Noble soy.

Sabina

           Temo perder,
por más que hidalgo te nombres,
   la fama, que solo estriba
en la vulgar opinión,
y así, muera en la prisión
mi hermano, como ella viva.
   ¡Vete ocasión de mi afrenta!

Paulo

     ¿Voyme?

Sabina (Aparte.)

     Aguarda. (¡Ay vil temor!
no pensé yo, amado honor,
poneros jamás en venta.)
   En fin, ¿guardaréis secreto?

Paulo

     Sí, que quien de veras ama
guarda el honor de su dama.

Sabina   Cuando es amante perfeto:
                           juradlo.

Paulo   Por esos ojos
                           que hacen cielo aquesa cara.

Sabina   Pluguiera a Dios que cegara
                           honor, y no os diera enojos:
                           soltad mi hermano primero.

Paulo   Haré que le den mi casa
                           por cárcel.

Sabina   La fama abrasa
                           más que él honor el dinero.

Paulo   Esta noche le tendré
                           en ella, por que no impida
                           la ocasión, prenda querida,
                           que intenta gozar mi fe,
                              si mi ardiente amor pagáis
                           y a la mañana en la vuestra
                           le tendréis.

Sabina (Aparte.)   (Honor, en muestra
                           de lo que a Lamberto amáis,
                              disimulad este insulto.)

Paulo   ¿Vendré esta noche?

Sabina   No sé.

Paulo   Cuando en sus faldas esté

durmiendo el silencio oculto
    vendré, sin que pueda Apolo
ver lo que por mí arriesgáis;
¿qué decís?

Sabina
                    Que no vengáis;
mas, si venís, que sea solo.

(Vase.)

Paulo
                    ¡Victoria, ciego interés!
Sujeta a tus pies está
la honra; ¿mas qué no hará
en la corte un ginovés?
    Pues aunque se suba al cielo
Amor, porque todo es alas,
cuando son de oro las alas
cualquiera le álcanza el vuelo.

(Vanse. Salen el Caballero de Gracia, Fisberto y Ricote.)

Caballero
                    El cardenal, mi señor,
en esta carta me manda
que ponga todo calor
en la piadosa demanda
del Carmen, y que el favor
    de la princesa procure
para que sitio le den
de un convento que asegure
la religión, y es muy bien,
aunque la vida aventure
    en tan cristiano cuidado,
que honre la corte española
el instituto sagrado

del Carmen, que estaba sola
sin este orden celebrado.
    Luego hablaré a la princesa,
Fisberto, con la eficacia
que pide tan justa empresa.

Fisberto

 Sois Caballero de Gracia,
por vos el cielo interesa
    la virtud que reconoce
en vuestro cristiano celo.

Caballero

Razón es que Madrid goce
las gracias que da el Carmelo.
¿Cuántos padres vienen?

Fisberto

                    Doce.

Caballero

    Al sacro colegio imita
de Cristo. Yo haré que aquí
tenga la Orden Carmelita
un monasterio.

Ricote

                    Eso sí
devociones ejercita,
    que tú engordarás con eso.

Caballero

Ya que me he vuelto español
su celo y virtud profeso;
ésta es la Puerta del Sol,
bien estuviera, os confieso;
    aquí el sitio de esta casa,
que el concurso de la gente
que por aquí al Prado pasa
es notable.

Fisberto   Y excelente
                 vuestra elección, si es que pasa
                    por aquesto el Hospital
                 de la Corte.

Caballero   Dudáis bien,
                 que es pobre, aunque en nombre real
                 demás que está aquí también
                 la Victoria y se hacen mal,
                    cuando las comunidades,
                 por estar cerca. se quitan
                 provechos y utilidades
                 de devotos que visitan
                 sus conventos y hermandades.
                    Pero, decidme, ¿qué casa
                 es aquella donde tantas
                 salen y entran?

Fisberto   Donde pasa
                 un trato no para santas.

Ricote   Donde Venus da a la tasa
                    Zupia que el seso derriba;
                 feria donde abre sus tiendas
                 el vicio a gente lasciva,
                    y es, en fin, porque lo entiendas,
                 rastro de la carne viva.

Caballero   ¿Qué dices, loco?

Ricote   ¿Esto ignoras?
                 A fe que lo saben hartos;
                 .... [-oras]

.... [-artos]
.... [-oras]
   lonja de gente ruín,
de la basura rincón,
y por no hablar en latín,
es, hablando con perdón,
la casa pública, en fin.

Caballero   ¡Jesús! ¿La casa es aquésta
donde la gente perdida
vive o muere deshonesta?
¿Donde la vergüenza olvida
la honra que tanto cuesta?
   ¡Válgame Dios, ya que admite
la costumbre y los engaños
que el vicio en la corte habite,
y porque mayores daños
excuse, aquéstos permite.
   ¿Es posible que consienta
que en esta publicidad
tenga su casa el afrenta?
¿Que la deshonestidad
pague aquí al infierno renta?
   Junto a la Calle Mayor,
por donde la gente pasa
de más caudal y valor,
¿la torpeza tiene casa
y a todos no causa horror?
   ¿Qué doncella recogida,
qué mujer noble y de suerte
verá esta gente perdida
al pasar, que no despierte
la pasión más reprimida?
   ¿A quién no ha de dar enojos,

siempre que por aquí venga,
el ver que en viles despojos,
esta nube Madrid tenga
en las niñas de sus ojos?
    ¿Donde el honor español
vive, la deshonra puebla,
siendo de virtud crisol,
la oscuridad y tiniebla
junto a la Puerta del Sol?
    Eso no, ¡Madre de Dios!
ya tengo casa que os dar;
Del mundo salió por Vos
el demonio, que habitar
juntos, mal podréis los dos.
    Salga de aquí, pues abrasa
la corte su vil noticia,
verá la gente que pasa,
si fue casa a la malicia,
que es ya de la virtud casa.
    En el corazón me ha puesto
Dios que aqueste sitio escoja
para el convento propuesto,
porque el alma me congoja
que aquí el trato deshonesto
    a toda la corte ofenda.

Fisberto   Si lo alcanzarais, no hay duda
que es gran cosa.

Ricote   ¿Y con qué hacienda?

Caballero   Virgen, dadme vos ayuda,
que yo lo haré aunque me venda.

Pero aguardad, ¿qué príncipe es aquéste
que tanto coche y gente le acompaña?

Fisberto   El cardenal don Diego de Espinosa
invicto presidente de Castilla
que a la Victoria va.

Caballero   Dios me le ofrece
para que le suplique que al demonio
quite el colegio vil de gente infame,
que en mitad de la corte a cada hora
con torpe amor la honestidad desdora.
Vámosle [a] hablar. ¡Mi Dios, Virgen del Carmen,
dadme palabras que moverle puedan
a que destruya aquéstos que dan muerte
al alma, y son la gente más perdida.

Ricote   ¿Qué muerte si le llaman «de la vida»?

(Salen el cardenal Espinosa, don Diego y otros.)

Cardenal   Consagra el Arzobispo de Toledo
don Gaspar de Quiroga el templo santo
que a las Descalzas hizo la princesa,
y va su majestad a honrar mañana
la devoción y fiesta de su hermana,
y así es razón que todos los Consejos
solícitos acudan a servilla.

Diego   Y más un presidente de Castilla.

Caballero   No es, señor ilustrísimo, a propósito
este lugar, para que en él reciba
memoriales y lea peticiones;

mas nunca pierde tiempo un pretendiente,
ni tiene el juez perfecto reservado
lugar adonde no entre la justicia;
porque los jueces y ministros reales
consigo han de llevar los tribunales.
Supuesta esta verdad y mi justicia,
no debe mi osadía de admiralle
si hace sala de audiencia aquesta calle.

Cardenal   Diga lo que pretende.

Caballero   Digo en suma,
pues a vuestra ilustrísima compete
de aquesta corte el régimen político,
que en su riñón y centro y a los ojos
de lo más principal que habita en ella,
hay una casa donde cada día
se ofende a Dios con juegos prohibidos
pudiendo estar en partes más remotas.

Ricote   Y jugando al pasar, todas son pocas.

Cardenal   ¿Casa en Madrid de juego prohibido,
y que públicamente se ejércite?

Caballero   Y se sabe, señor, y se permite.

Cardenal   ¿Yo lo permito?

Caballero   El rey y los consejos.

Diego   Éste es loco.

Caballero   No está su sitio lejos.

Cardenal   ¿Cómo se llama el dueño de esa casa?

Caballero   Torpeza vil que la virtud abrasa.
                  Ilustrísimo príncipe, ¿es posible
                  que en mitad de esta corte se consienta
                  tienda al demonio que le pague renta?
                  Las públicas mujeres deshonestas,
                  ¿es bien que vivan en el mejor sitio
                  de la corte que rige los tormentos
                  el pecado mayor junto a la Calle
                  Mayor de este lugar, y esto se calle?
                  Las leyes allá fuera de la corte,
                  mujeres despeñadas de sus vicios
                  entre barrancos y despeñaderos,
                  que cuando está apestada alguna casa
                  cerrarla suelen cuando no se abrasa.
                  Los padres religiosos del Carmelo
                  buscan un sitio en que labrar palacio
                  a la Virgen divina, su Patrona.
                  Cuando viene a la corte una princesa,
                  el rey la hace dar casa de aposento;
                  conviértase esta casa en su convento.
                  No es bien que las tinieblas, señor, vivan
                  junto a la Puerta que del Sol se llama;
                  siendo Luna sin mácula María,
                  habitación tendrá más oportuna
                  si a la Puerta del Sol viene la Luna;
                  haga a su majestad vuestra ilustrísima,
                  pues es su capellán, ese servicio,
                  y a Madrid tan honesto beneficio.

Cardenal   El celo alabo; pero no conviene
                   mudar el orden que la corte tiene;

gobiérnese a sí mismo, y no se meta
en ajenos oficios y cuidados,
que Madrid tiene jueces y ministros
que dispongan las cosas que les tocan,
y quien juntó esa casa en este puesto
consideró primero lo que hacía,
y yo no pienso variar el uso
con que a Madrid la antigüedad dispuso.

Caballero   Señor, señor, perdóneme, y advierta
que Dios interiormente me está dando
impulsos para que esto se concluya;
la casa del demonio ha de ser suya.
Y si vuestra ilustrísima rehusare
hacer al Carmen santo este servicio,
harélo yo, y echando esas mujeres
de esta publicidad una mañana
con teclas y campanas verá el cielo
la casa vil que es casa del Carmelo.

Cardenal   Pues cuando llegue vuestro atrevimiento
con indiscreto celo a hacer tal cosa,
quitándoos la cabeza de los hombros
sabré yo dar el pago que merece
quien al juez superior desobedece.

(Vase.)

Caballero   ¡Virgen! ¿Con la cabeza me amenazan
porque posada os busco? ¡Carmen mío!
¿Casa dan al demonio en esta corte
y os la niegan a vos? No lo permita
la devoción que vive en sus vecinos.
Con la cabeza me han amenazado,

si a su costa no más quito al demonio
aquesta lonja de sus vicios trato
y casa os doy, comprado habré barato.
Yo haré de suerte que mañana vea
aquesta infame casa convertida
la corte a mi buen celo agradecida.
A hablar voy la princesa, que yo espero
de su real cristiandad, cuando edifica
monasterios a Dios y a sus Descalzas,
que no permitirá que el suyo tenga
aqui el demonio; yo daré dineros
para que busquen esas desdichadas
otro puerto a sus vicios conveniente
que no ofenda los ojos de la gente.

Ricote   Cualquier partido, si las das moneda,
te harán cuando las saques de su nido,
que por eso se llaman «del partido».
¡Qué notable virtud!

Caballero   ¡Virgen divina!
Como vos tengáis casa en esta corte,
y de ella se destierre la torpeza,
¿qué importa que me corten la cabeza?

(Vanse. Sale Lamberto, de noche.)

Lamberto   A las puertas de mi casa
me han traído los recelos
del honor, que anda por mí
animando atrevimientos.
Dióme la suya por cárcel
la justicia a pedimiento
de Paulo Adorno, por quien

he estado hasta agora preso.
Mil ducados por mi paga,
y aunque, obligado, confieso
la libertad que me ha dado
y el interés que le debo,
si para discursos tristes
ofrece la noche tiempo,
de tal noche que mi honor
los haga en vuestro silencio.
Llegué huyendo de mis vicios
a Madrid, piadoso cielo,
sin hacienda y sin ventura,
y apenas en él me apeo
cuando las persecuciones,
de las desdichas correos,
me aposentan en la cárcel;
que poco importa ir huyendo
de su daño el que ignorante
le lleva consigo mesmo,
porque es alguacil el vicio
que prende a su mismo dueño.
Pues honor, si Paulo Adorno
de mi prisión fue primero
autor, y a instancia de Roma
causas me intima y procesos,
si es su rigor mi fiscal,
el interés avariento
que me pide desterrado
mil ducados por lo menos,
sospechosa la codicia,
Paulo, ni amigo, ni deudo,
¿qué ocasión puede obligarle
a que me suelte tan presto?
Podrá ser que el cardenal

le escribiese que, no habiendo
de dónde cobre su alcance,
me suelte; fue al fin mi dueño;
es generoso y ilustre
prometerme esto y más puedo
de su cristiandad hidalga.
Bien, honor, estoy con eso;
mas a ser así, decidme,
¿a qué propósito ha hecho
darme su casa por cárcel,
y apacible y lisonjero
esta noche solamente,
en su mesa y aposento
le mira mi libertad,
si por él mañana puedo
gozar seguro la mía?
¿Qué interesa en este tiempo?
¿Por qué me encierra esta noche?
¿Veis si aprieta el argumento?
¿Sabina sola y mujer;
yo ausente, afligido y preso,
y él liberal y agradable?
No, honor, no puede ser bueno.
Armado salió de casa,
y yo, ya que no discreto,
por lo menos sospechoso,
la palabra y cárcel quiebro
porque esté entero mi honor.
Desatinado y travieso
he sido, mas siempre honrado;
no ha de ser mi hermana el precio,
por más que el oro conquiste
de mil ducados, si puedo.
Sed en estas puertas escoltas,

no más que esta noche, celos.
Gente viene: aquí me encubro.

(Sale el Caballero de Gracia.)

Caballero   En el encantado enredo
de palacio no han podido
hallar puerta hoy mis deseos
para hablar a la princesa
y dar con su favor medio
para el convento del Carmen.
En balde he gastado el tiempo,
no me dejaron entrar
interesables porteros;
mas hablaréla mañana,
aunque ponga impedimentos
la vil deshonestidad
pesarosa de que intento
ganar para la virtud
el presidio del infierno.
Ni hallé a Ricote, ni sé
las calles por donde vengo,
y pienso que me he perdido.
Llevadme a mi casa, cielos.

(Sale Paulo Adorno.)

Paulo   La oscuridad de la noche
ampara con su silencio
mi pretensión amorosa.
En mi casa está Lamberto,
Sabina determinada
y yo abrasado, ¿qué espero?
Pero gente hay en la calle,

el ofrecido secreto
que Sabina me encargó
es bien guardar aquí, quiero
esperará que se vayan.

(Sale Sabina.)

Sabina   ¿Si estará mi hermano suelto?
iAy honor, a lo que obliga
la sangre, pues a ofenderos
me fuerza! Noche confusa,
encubrid al vulgo necio
los peligros de mi fama.
Si es Paulo Adorno el que veo
abridle, honra, que en la calle
el recato corre riesgo.
iAy infelice Sabina!
iAy desdichado Lamberto!
iAy ofendido Conrado!

Caballero   ¿Qué escucho? iválgame el cielo!
¿Lamberto y Sabina aquí,
y Conrado entre lamentos
piadosos a tales horas,
si son los tres que sospecho?

Sabina   ¿Sois Paulo Adorno, señor?

Caballero (Aparte.)   (Por saber este suceso
tengo que decir que sí.)
Yo soy, señora, ese mesmo.
(Aparte.)   (Ésta es la voz de Sabina.)

Lamberto (Aparte.)   (iAy, qué a mi costa habéis hecho

verdad, honor, mi sospecha!)

Paulo (Aparte.)   (¿Otro Paulo Adorno? Bueno.
¿Descubriréme? Mas no,
que así la palabra quiebro
del secreto prometido.
Mejor es que el sufrimiento
aguarde a ver en qué para
este disfraz, que mis celos,
si prosiguiese en su engaño,
no dejarán que entre dentro.)

Sabina   Si Lamberto está ya libre,
que lo supongo por cierto,
en fe de vuestra palabra,
pues sois, en fin, caballero,
mostradlo en esta ocasión,
y vuestra pasión venciendo,
obligad prendas del alma
sin injuriar las del cuerpo.
Vuestra nobleza agraviáis
si, cual tratante avariento,
vendéis la necesidad,
que mil ducados no es premio
equivalente al honor
que necesitada os vendo.
No afrentéis a una casada
ni a un marido ausente.

Caballero (Aparte.)   (¡Cielos!
No en balde aquí me trujiste!
el perderme os agradezco.
Sabina es ésta; y si saco
consecuencias de aquí, a precio

de su honor la libertad
ha comprado de Lamberto;
razón será, cuando quito
a la desvergüenza el templo
de la deshonestidad
y su casa librar quiero,
que libre la de mi hermano.
¡Miren si he sido yo cuerdo
en no casarme! ¡Oh cruel yugo,
de ti libre Dios mi cuello!
¿Diré quién soy? Mas mejor
es, por que me admita dentro,
fingirme el interesado
de este afrentoso concierto,
que, apretando los cordeles
del honor, sabré por ellos
si hay firmeza, cuando él da
a la necesidad tormento.)

Lamberto (Aparte.)   (¿Que mis torpes desatinos.
en este trance hayan puesto
a mi hermana? ¿Y que su honor
haga la torpeza empeño?
¡Vive Dios, villano amante,
si a sus honrados deseos
no correspondes cortés,
que he de travesarte el pecho!)

Caballero   Sabina: si no me abrís
y a mi amor buscáis rodeos,
haré volver a la cárcel
al punto al hermano vuestro.

Sabina   En fin, ¿no pueden con vos

lágrimas, conjuros, ruegos
ni el valor de vuestra sangre?
Entrad, pues, aunque primero
que ofendáis mi honestidad
podrá ser, libre el acero,
la fama que tiranizan
vuestros gustos deshonestos.

Caballero   Abrid la puerta.

Paulo   Eso no,
ladrón de honras encubierto;
que asiste aquí de Sabina
el amante verdadero.

Lamberto   ¡Villano! Antes que mi hermana
agravies, tendrán ejemplo
en tu muerte los que la honra
piensan comprar con dineros.

Caballero   Paulo Adorno: sosegaos;
Lamberto, hermano: teneos,
que estáis los dos engañados.

Sabina (Aparte.)   (Aquí está mi hermano, ¡ay cielos!)

Paulo (Aparte.)   (Lamberto supo, sin duda,
la fuerza de mi amor ciego
y a vengar su injuria vino.)

Lamberto   ¿Quién eres?

Caballero   Hermano vuestro:
el Caballero de Gracia.

Lamberto   ¿Cómo?

Paulo   ¿Qué escucho? ¿Otro enredo?

Lamberto   ¿Jacobo de Gracia vos?
                    ¡Hola! sacad luces presto.

(Sale Ricote con un hacha.)

Ricote   Por una hacha fui a mi casa,
                    y cuando a palacio vuelvo
                    por mi señor, no le hallo;
                    suspensión del vino temo.

Caballero   Ricote: llega esa luz.

Ricote (Aparte.)   (¡Al Niño perdido un credo
                    desde hoy! Topé con él.)

Lamberto   ¿Que he sido digno de veros,
                    Jacobo, en esta ocasión?

Caballero   Dad gracias a Dios por ello
                    que a los peligros acude.

Lamberto   ¡Qué de ofensas que os he hecho!

Caballero   La que hoy hemos restaurado
                    es razón que ponderemos,
                    y para qué otras se excusen
                    quiero en mi casa teneros
                    con Sabina vuestra hermana.

Lamberto   No nos lo debéis.

Caballero   Si, debo,
pues de perseguirme vos
mi buena suerte intereso.
Yo haré que venga Conrado
libre de Roma, que espero
del cardenal esto y más.
(A Paulo.)   Y vos, pues os hizo el cielo
rico, aprovechad mejor
vuestra hacienda, que el empleo
de los vicios es caudal
que se pierde con su dueño.
Venid por los mil ducados
a mi casa.

Paulo   Yo los suelto,
dándolos por bien empleados,
pues os conozco por ellos.

Caballero   La vergüenza de Sabina
impedirá los deseos
que de verme habrá tenido.
Andad con Dios, caballero,
y con vuestro oro fundad
un mayorazgo en el cielo,
que no es hazaña de noble
echar sobre el honor censos.

Paulo (Aparte.)   (Este hombre parece santo.)

(Vase.)

Caballero   Entrad, hermano.

Ricote   ¿Qué es esto?
                  Esta noche está borracha,
                  o yo lo estoy, que es más cierto.

                  Fin de la segunda jornada

Jornada tercera

(Salen don Cristóbal de Mora y el Caballero de Gracia, con hábito de Cristo.)

Cristóbal   Ha aumentado la afición
que a vuesa merced tenía
la nueva prohijación
que a los dos desde este día
da una patria y profesión.
   Ya es portugués adoptivo,
si yo lo soy natural,
ya a mi nación apercibo
con hijo tan principal
valor nuevo.

Caballero   Yo recibo
  su noble insignia, señor,
bien que indigno de tal prenda,
con obligación mayor,
pues servirle me encomienda,
si me hace comendador
  y el ánimo solicito
que vueseñoría me da
con la Cruz, en que le imito,
que buen ejemplo tendría,
si a sombra suya milito.

Cristóbal   No sé si llega su renta
a mil ducados, mas quede
desde hoy a mi cargo y cuenta
el mejorarle.

Caballero   Bien puede
vueseñoría, aunque intenta

mi aumento, descuidar de eso
que mucho menos le basta
al estado que profeso.

Cristóbal   Sé cuán bien su hacienda gasta.

Caballero   Si trae la cruz mucho peso
    podrá ser que a tropezar
me obligue de tal manera,
que me estorbe su pesar;
cuanto fuese más ligera
será mejor de llevar.
    No apetezco mucha hacienda,
la que me dio Monseñor
y la de aquesta encomienda
me sobra, y siendo mayor
mi quietud temo que ofenda.

Cristóbal   El rey sale con su hermana
la princesa, mi señora.

Caballero (Aparte.)   (Mi dicha el peligro allana.
¿Qué temo? Hablaréle agora,
pues con su presencia gana
    el favor que he menester.)

(Salen el Rey y la Princesa, don Diego y don Juan.)

Rey   Ya vuestra alteza estará
contenta, pues llega a ver
lo que deseado ha
tantos días.

Princesa   Por tener

mi monasterio acabado
y de su fábrica estar
vuestra majestad pagado,
puedo a mi ventura dar
el parabién deseado,
  y porque con su asistencia
nuestra fiesta ha sido real.

Rey   La iglesia es por excelencia,
y el comenzado hospital
va conforme el arte y ciencia.

Princesa   Con esa satisfación
no tendrá la obra defecto,
pues la aprueba el Salomón
de España, rey y arquitecto,
gloria de nuestra nación,
  que el Escorial, en quien fundo
de Jerusalén el templo,
que fue milagro del mundo,
le ha de llamar a su ejemplo
nuestro Salomón segundo.

(Llégase el Caballero de Gracia, de rodillas, al Rey.)

Caballero   Vuestra majestad, señor,
castigue en mí un desacato,
hecho con poco recato,
aunque digno de loor.
Junto a la Calle Mayor
por donde el concurso pasa
de su corte, tenían casa
las mujeres más perdidas
de Madrid, con cuyas vidas

la mayor virtud se abrasa.
    Supliqué a su presidente
de Castilla que mudase
aquella gente y la echase
a otra parte más decente,
y que el Carmen excelente
fundase allí, y la esperanza
de tan piadosa mudanza
diese a Dios, con dicha inmensa,
casa en que vivió la ofensa
y ya vive su alabanza.
    Respondió con aspereza
que si la devoción mía
novedad alguna hacía
peligraba mi cabeza.
Pero yo; que la torpeza
de aquesta gente mundana
aborrezco, una mañana
hospedar a Dios dispuse,
desterré al demonio y puse
celdas, iglesia y campana.
    Holgóse la vecindad
libre de aquel vituperio,
ya es del Carmen monasterio
el de la sensualidad.
Si esto Vuestra Majestad,
siendo tan cristiano y fiel,
juzga por culpa, el cordel
desde ayer traigo conmigo,
para que me de el castigo
que he merecido con él.

Vuestra majestad le haga
merced, porque es cosa mía.

(Saca un cordel.)

Princesa

Rey

Devota es vuestra osadía;
no es justo que se deshaga
casa de quien Dios se paga
y al vicio se pone freno.
Vuestro celo ha sido bueno,
y aunque el Carmen en tal cabo
está bien, el hecho alabo,
las circunstancias condeno.

(Vase el Rey.)

Caballero

¡Qué. compendiosa sentencia!
¡Qué cristiana conclusión!
Bien te llaman Salomón
en la justicia y clemencia.
¡Prospere Dios tal prudencia!

Princesa

En fin, me habéis imitado;
un monasterio he fundado
y otro al Carmen dedicáis,
como un hospital hagáis
me habréis en todo igualado.

Caballero

No puedo yo ser igual
a hazañas tan excelentes,
aunque a los convalecientes
también he dado hospital.
La calle de Fuencarral
se honra con esta obra pía;
flaca la gente salía
enferma y para volver,
gran señora; a recaer,
¿de qué curallos servía?

                    Allí a su regalo asisto
                    mientras fuerza y salud cobra.

Princesa   No solo en hábito, en obra
                    sois caballero de Cristo;
                    el celo que en vos he visto
                    es bien, Jacobo, que aliente;
                    quien sustenta tanta gente
                    los gastos tendrá doblados.
                    ¡Hola! dadle mil ducados.

Caballero   ¿Otros mil? El cielo aumente
                       la católica virtud
                    con que España se está honrando.

Princesa   Encomendadme a Dios, que ando
                    muy quebrada de salud.

Caballero   Como mi solicitud
                    lo que le falte asegure,
                    ¿qué habrá que yo no procure
                    para que su vida aumente?
                    Mas vuestra alteza, ¿qué siente?
                    podrá ser que yo la cure.

Princesa   Con oraciones sí haréis.

Caballero   Dígame esto vuestra alteza.

Princesa   De estómago y de cabeza
                    mil dolores, que podréis
                    remediar si instancia hacéis
                    a Dios.

Caballero   Valgo para eso
poco, y aunque no profeso
medicina, una receta
tengo yo santa y discreta,
a quien debo vida y seso.
    Cuando en Bolonia estudiaba,
de suerte me perseguía
ese dolor cada día,
que por muerto me dejaba.
El médico me mandaba
beber vino, si mi vida
estimaba, consumida
con el estudio y cuidado,
mi estómago delicado,
el agua, y poca comida.
    Pero nunca Dios permita
que el vino haga en mi sosiego,
tocar en el alma a fuego
ni su vecindad admita.
Íbame al agua bendita,
—¡mire que extraña simpleza!—
y prometo a vuestra alteza
que las pilas agotaba
bebiéndola, y me aliviaba
el estómago y cabeza.
    Desde entonces hasta agora
no he sabido qué es dolor;
no hay medicina mejor
que agua bendita, señora.

Princesa   Quien vuestra virtud ignora
juzgara por desatino
lo que el cielo a daros vino.
A ser mi fe cual la vuestra

hiciera en mi salud muestra
ese remedio divino.
    Con la sagrada divisa
de Cristus honrado estáis,
si es que servirme gustáis,
Jacobo, ordenaos de misa,
pues vuestra virtud me avisa
que con tan divino oficio
daréis de quien sois indicio,
mi capellán os haré.

Caballero   Vuestra alteza en mí no ve...

Princesa   Hacedme aqueste servicio.

(Vanse todos, sino es el Caballero.)

Caballero   ¿Yo sacerdote, mi Dios,
con suficiencia tan poca?
¿Yo señor de vuestra boca?
¿Cristo de mi boca, Vos?
¿Tanta amistad en los dos
que, a mi palabra obediente,
bajáis siendo omnipotente,
cuando en el cielo asistís?
Mi Dios, si de esto os servís
hacedme vos suficiente.

(Vase. Salen Fisberto y Ricote.)

Fisberto   Mil ducados que ha dado la princesa
para ayuda de costa a vuestro dueño
os dejo en casa.

Ricote   Buena mosca es esa;
            mas ¿qué importa, si es número pequeño
            cuanto tesoro de Indias interesa
            el Rey para sus gastos? Yo os empeño
            mi palabra que dure poco en casa,
            aunque comemos con medida y tasa.
                Ha hecho un hospital y en él sustenta
            tantos convalecientes que es espanto;
            ochocientos ducados que de renta
            la encomienda no bastan para tanto;
            a un pobre caballero que aquí intenta
            un mayorazgo, de su celo santo
            ayudado socorre la pobreza.

Fisberto   Lastima más si cae sobre nobleza.

Ricote   Ayer hizo vender toda su plata
            y dio a una mujer noble el precio de ella
            para dote de una hija, porque trata
            de empeñar su hermosura o de vendella.

Fisberto   Es la necesidad madrastra ingrata,
            no es en la corte la primer doncella
            que a falta de otras joyas su honra vende.

Ricote   ¡Plegue a Dios que después no la remiende!

Fisberto   Vos tenéis un señor bien diferente
            de los que agora se usan en España,
            dadle esa cantidad y adiós.

(Vase.)

Ricote   ¡Que intente

traerme al retortero una picaña!
¡Válgate el diablo, Amor impertinente!
¿Una fregona a mí, una telaraña
me ha de coger cual mosca en su garlito?
Sirviendo a un santo, amar es gran delito.
   ¡Ay si lo sabe, pobre de Ricote,
tras un sermón habrá despedimiento!
¿Que tenga yo por amo a un virginote
y me tiente Inesilla? No consiento.
Emplee Amor en otros su virote.
Mas —¡ay Inés— no pidas casamiento
y friega en este pecho tu retrato,
de tu esperanza apetecible plato.
   Esto de Inés, ¿qué voluntad no inclina?
Hay otros nombres ásperos: Olalla;
ola en mujer, borrascas adivina;
Dominga, que el domingo han de guardalla;
Polonia está sin dientes; Catalina,
empezando por cata han de catalla
cuantos llegaren; pero Inés —¡qué agrado!—
¡Ay Dios! ¿Qué haré que estoy ininesado?

(Sale el Caballero de Gracia.)

Caballero
   Extraña confusión me habéis causado,
católica princesa. ¡Sacerdote
un pecador de crímenes cargado!
¿De Oza no temo el riguroso azote?
Si muere, porque el arca toca asado,
¿he de tocar yo a Dios?

Ricote
                Señor.

Caballero
                Ricote.

Ricote   Mil ducados te envía la princesa.

Caballero   Déjame solo:

Ricote (Aparte.)   (Inés, mi alma es Inesa.)

(Vase.)

Caballero   Los ángeles sin diezmo han alcanzado
                          la dignidad del sacerdocio eterno;
                          San Francisco, que fue vuestro traslado,
                          no se atrevió a ordenar humilde y tierno.
                          Cortóse el dedo Marcos, con que ha dado
                          a la fe su evangelio y el gobierno
                          sacerdotal rehusó, valiendo tanto,
                          ¡y osaré tocar yo vuestro Altar santo!

(Salen un Capitán y Roberto.)

Capitán   Pretender en la corte sin dinero,
                          alegando papeles y servicios,
                          es pedir fruta y flores por enero,
                          que solo el interés alcanza oficios,
                          pues ni el ser capitán, ni caballero,
                          ni en Flandes hazañosos eiercicios
                          bastan para alcanzar lo que pretendo;
                          pobreza, a vuestra industria me encomiendo.
                          Aquí, Roberto, vive una casada
                          rica en extremo, su marido ausente.

Roberto   Nuestra necesidad es extremada,
                          la noche a nuestro intento conveniente.

Capitán   Entremos encubiertos, que, negada,
                 si sus joyas gozarnos no consiente,
                 con ellas perderá vida y belleza.

Roberto   Y su infame rigor nuestra pobreza.

Caballero   ¡Oh cruel necesidad!
                 ¡que la falta de dinero
                 obligue así a un caballero
                 a ofender su calidad!
                   Quitar quiero la ocasión
                 que le ofrece su pobreza
                 y socorrer la nobleza
                 que desdora su opinión.
                   Caballero, yo he sabido
                 que en la corte pretendéis
                 los cargos que merecéis
                 porque al rey habéis servido
                   valerosamente en Flandes
                 contra su gente enemiga;
                 la necesidad obliga
                 a emprender delitos grandes.
                   Tomad estos cien escudos
                 por hacerme a mí merced,
                 y en gastándolos, volved
                 por más, que ellos cual yo, mudos,
                   socorrerán con largueza
                 el aprieto con que estáis,
                 y aquí, ya que allá la honráis,
                 no afrentéis vuestra nobleza
                   poniendo cosas por obra
                 que injurien vuestro valor,
                 porque, perdido el honor,
                 o tarde o nunca se cobra.

(Dáselos.)

Capitán   Dios en mi remedio toca,
                 aquestos labios cristianos
                 con el socorro en las manos
                 con el consejo en la boca,
                   remedio de mi desgracia,
                 ¿quién mi dicha en ti apercibe?

Caballero   Andad con Dios, que aquí vive
                 el Caballero de Gracia.

Capitán   Gracias doy agradecido
                 a tan hidalgo valor.
                 Volvamos por vos, honor,
                 que os tuve casi perdido,
                   y, al que os socorre de gracia
                 sin tener de mí noticia,
                 llamad de hoy por justicia
                 el Caballero de Gracia.

(Vanse.)

Caballero   Agora importa avisar
                 que con cuidado defienda
                 su honra, casa y hacienda,
                 la que ocasión pudo dar
                   a robarla a este soldado,
                 que al pobre con opinión
                 hace agresor la ocasión
                 y la ocasión al pecado.
                   Pero, mi Dios, declarad
                 las dudas que mi alma tiene.

Mandado me han que me ordene;
temo de esta dignidad
   la pureza que procura
llegar cada día, mi Dios,
a vuestro altar. Si con Vos
el alma más limpia y pura
   es inmunda y pecadora,
¿quién no tiembla? ¿Qué señor,
aunque tenga más amor
a quien le sirve y adora,
   si ve que con faltas llega
descompuesto y mal vestido,
no le echa de si ofendido
y su presencia le niega?
   Pues si nada se os esconde,
si caláis los pensamientos,
si medís los elementos,
si no hay parte o lugar donde
   de Vos puedan los humanos
sus defectos esconder,
¿cómo os osaré tener
en mis atrevidas manos?
   Al santo Papa León
primero, que en Roma un día
con mil ansias os pedía
de sus culpas remisión,
   vuestra piedad satisfizo
diciendo que perdonados
estaban ya sus pecados,
fuera de aquellos que hizo
   en ordenar sacerdotes
sin virtud ni suficiencia.
Y volvió a hacer penitencia
por excusar los azotes

de vuestra ira; pues, Señor,
si a quien indignos ordena
dilata para más pena
el perdón vuestro rigor,
    ¿qué haréis al mismo ordenado
que el sancta sanctorum toca
con las manos y la boca
y del cielo os ha abajado?
    Vos sabéis lo que deseo
el ordenarme, Señor,
que es propiedad del amor
cuyas llamas en mi veo
    juntarse a la cosa amada,
y como os amo, querría
incorporar cada día
mi alma en vos abrasada
    con la vuestra, pues con Vos
junto, en fe de que os adoro
mi ser realzo y mejoro
haciéndome de hombre Dios.
    No os indigne que mi pecho
os busque, que es natural
el pretender cada cual,
Cristo mío, su provecho.
    Decidme, por que no pene,
con qué más os serviré,
icon que en este estado esté,
mi Dios, o con que me ordene!

(Sale un Pintor.)

Pintor   Por saber que es tan curioso
vuesa merced, y que estima
pinturas, si las anima

algún pintor valeroso,
   para su oratorio tengo aquí
dos cuadros de mano
del celebrado Pinciano.

Caballero   Con pinturas me entretengo;
                   veamos qué tales son.

Pintor   Por ser nuevo el pensamiento
                   de ésta, ha de darle contento
                   y animar su devoción.
                      Ésta es de Nuestra Señora,
                   que en fe de la reverencia
                   que tenía a la presencia
                   de un sacerdote, a la hora
                      que le veía, se postraba,
                   aunque madre de Dios es,
                   y en levantando él los pies
                   sus impresiones besaba,
                      que así María acredita
                   a quien da a Dios en sustento.
                   Escribe este pensamiento
                   San Dionisio Areopaguita,
                      y es digno de que se note
                   y a espantar el mundo venga,
                   que a la madre de Dios tenga
                   a sus pies un sacerdote:

Caballero   ¡Válgame Dios y qué a punto,
                   en castigo de mi mengua,
                   hace el cielo un pincel lengua,
                   y con, aqueste trasunto
                      corrige el atrevimiento
                   que de ordenarme he tenido!

110

Ángeles que habéis servido
a Dios de escabel y asiento,
   y en honra de las bellezas
de vuestras jerarquías santas,
ponéis debajo las plantas
de María las cabezas;
   ¿cómo espanto no os provoca
que donde pone los pies
un sacerdote, después
ponga María su boca?
   La que es en la gracia una,
la que pisa serafines,
guarneciendo sus chapines,
por ser de plata, la Luna;
   ¿ésa la tierra guarnece
con su boca, que ha pisado
él sacerdotal estado?
¿No tiembla; no se estremece
   el que ordenarse porfía,
encargándose de andar.
pasos que puedan besar
después labios de María?
   ¿De qué es esotra?

Pintor   Ésta es
del Redentor cuando estaba
de rodillas, y lavaba
al falso Judas los pies.

Caballero   Con eso crecen mis dudas.
¿Cómo, omnipotente Dios?
¿Por qué ha de ordenarse Vos
besando los pies de Judas?
   ¿Del hombre más atrevido,

más desleal, más traidor,
de quien le fuera mejor,
mi Dios, nunca haber nacido,
   ¿vuestra boca en los pies fieros
ponéis, que os han hecho guerra,
que están con el polvo y tierra
que pisó yendo a venderos?
   Si lo hacéis por que despúes
se ha de ordenar Jesús, bueno,
y yo también si me ordeno
os he de ver a mis pies,
   aunque excuse lo que medro
en el altar por serviros,
no lo haré, por no deciros
lo que al lavárselos Pedro.
   Perdóneme la princesa
y mis deseos mal seguros,
que han de ser los pies muy puros
que Cristo regala y besa,
   y él esos cuadros me lleve
a mi oratorio, y después
concertaremos lo que es,
dando lo que se le debe.

<table>
<tr><td>Pintor (Aparte.)</td><td>(Este hombre es sin duda santo:
grande virtud he en él visto.)</td></tr>
<tr><td>Caballero</td><td>¿Que un sacerdote de Cristo
con vos, Señor, pueda tanto?
   Si del talento que dais
y de la merced que hacéis,
libros de caja tenéis
y estrecha cuenta tomáis
   y yo a pagaros no basto,</td></tr>
</table>

favor que es tan excesivo;
¿qué mucho deje el recibo
teniendo alcance del gasto?
    Juzgádome ha insuficiente
él temor que en mí se esparce.

(Salen don Juan y don Diego.)

Juan   ¿Qué Rodrigo Vázquez de Arce
salió en fin por presidente?

Diego   Presidente es de Castilla.

Juan   ¿Que un letrado el mundo mande
cargo que es digno de un grande
de España, la primer silla
      un jurista?

Diego   Aunque se asombre
de un presidente el poder,
si un ángel no lo ha de ser,
forzoso es el serlo un hombre.

(Vanse.)

Caballero   «¡Si un ángel no lo ha de ser
forzoso es el sello un hombre!»
Esto se dice en mi nombre,
alma, dejad de temer.
    Bien es que el misterio note
que mi fe vino a animar,
no puede un ángel gozar
el cargo de sacerdote.
    Hombre es fuerza que ejercite

tan suprema dignidad,
de nuestra fragilidad
Dios tocarte en pan permite.
    Mi poco ánimo condeno,
fe santa, alentadle vos,
que el estar siempre con Dios
me obligará a ser más bueno.
    Ayudada su eficacia,
si me da su gracia y fe,
llamarme mejor podré
el Caballero de Gracia.
    Ya de sacerdote el nombre
amo, pues llego a saber,
si un ángel no lo ha de ser,
que es forzoso serlo un hombre.

(Vase. Sale Inés con mantellina, y Ricote.)

Ricote   Inesilla, tu hermosura
es el hechizo español,
y siendo tu cara el Sol
no hay contigo noche oscura.
    Ella y el diablo me tienta,
tu amor vinoso me abrasa.
Aunque me eche de su casa
mi señor y hagamos cuenta,
    tu belleza he de gozar
esta noche a letra vista,
y siendo amor organista,
tus teclas ha de tocar.
    Éntrate en este aposento,
recámara de un lacayo,
que en tu abril busca su mayo.

Inés

En no habiendo casamiento
    no aguarde manifatura.

Ricote

    Ya empiezas a congojarme.
¡Que no pueda yo librarme
de los asaltos de un cura!
    Si bebo, un cura bautiza,
o por decirlo mejor,
un tabernero el licor,
con que Noé se autoriza.
    Si salir de noche intento
entre su tiniebla escura,
luego topo con un cura
que va a dar el Sacramento.
    Si duermo, un cura soñado
que me descomulgue topo;
si entro en la iglesia, el hisopo
está de un cura agarrado.
    Un cura, si no me caso,
impedirme a Inés procura;
en signo nací de cura,
pues los topo á cada paso.
    Entre, y no se me rebulla,
que hay si la ven al momento,
sermón y despedimiento
verle en un pie como grulla,
    que si vidas apetece
bodas tendremos después.

Inés

¿Que te casarás?

Ricote

            Sí, Inés.

Inés

Júralo una vez.

Ricote   Y trece;
                         pero no ha de ser pesada,
                         que cantará si me hechiza
                         con Monsieur de la Paliza,
                         «la bella malmaridada».
(Vase Inés.)   Esto está como ha de estar,
                         cuéstemelo que me cueste;
                         mi amo antes que se acueste
                         las puertas hace cerrar.
                           Mas ya está la ganga en casa,
                         perdone su devoción,
                         que no es mucho un refregón,
                         pues si rizna, luego pasa.
                           Coja yo vuestro cabello,
                         ocasión, que si la dama
                         Iglesia después se llama,
                         yo negativo y a ello.

(Salen el Caballero de Gracia y Fisberto.)

Caballero   Pues los clérigos menores
                         a la corte a fundar vienen,
                         y como muebles no tienen,
                         ni dineros, ni favores,
                           mil ducados que me ha dado
                         la princesa mi señora,
                         podrán cumplir por agora
                         mi deseo y su cuidado.
                           Compren un sitio con ellos,
                         que hacia el Prado estarán bien,
                         y mientras labran, estén
                         en mi casa, que en tenellos,
                           Fisberto, en mi compañía,

gozaré la bendición
que Dios echó a Obededón.

Ricote
   ¡Un convento cada día!
   ¿Qué hacienda basta y caudal?
El Carmen fundaste ayer.
No has acabado de hacer
a los pobres hospital
   en que después convalezcan,
¿y ya quieres dar posada
a toda una clerigada
en tu casa? Aunque merezcan
   todo eso y más, ¿quién te mete,
señor, en tantos extremos,
ni en casa cómo podremos
caber con tanto bonete?

Caballero
   Pluguiera a Dios que pudiera
como el gusto lo acomoda,
hacer yo una corte toda
de religiosos.

Ricote
       Y hubiera
   mucho que ver en Castilla,
pues en fe de aquesa ley,
hubiera de andar el rey
con bonete o con capilla.

Caballero
   Llevadlos ese dinero,
y mañana a vivir vengan
a mi casa, donde tengan
hospedaje, que, pues quiero
   ser clérigo, en compañia
de los que clérigos son

Menores, su perfección
dará materia a la mía;
ve tú también con Fisberto.

Ricote (Aparte.)   (Mas quedo con mi ocasión,
Ciégamele San Antón,
que si la topa soy muerto.)

(Vanse.)

Caballero   Dinero, echándoos de casa
echo de ella al enemigo,
y a la avaricia castigo
mísera, necia y escasa.
    Mi Dios, pues sois Rey,
razón, es que en la corte viváis,
y en muchas casas tengáis
religiosa habitación.
    ¡Ojalá que yo pudiera
en estas ocupaciones
traer cuantas religiones
os sirven, por que viviera
    satisfecha la codicia
que alienta mi devoción,
porque las órdenes son
tercios de vuestra milicia.
    Sin dineros me he quedado
aun para la costa corta
de mi casa, mas ¿qué importa?
¿Con Dios no los he gastado?
    Él nos dará de cenar,
que no es deudor avariento.
Pasos parece que siento.
¿Quién pudo adentro quedar,

si Ricote fuera está
y en su compañía sola
vine? ¿Quién puede ser? ¡Hola!
¿Quién anda ahí? Salga acá.

(Sale Inés.)

Inés   Ya salen, ¡válenos Dios!

Caballero   ¿Qué es esto?

Inés   Una mujer es
que no es nadie.

Caballero   ¿Quién?

Inés   Inés.

Caballero   Pues ¿qué, buscáis aquí vos?

Inés   Buscaba a mi matrimonio,
que es Ricote.

Caballero   ¿Para qué
le buscáis vos?

Inés   Ya lo ve;
engañónos el demonio.

Caballero   ¿Pues está con vos casado?

Inés   No, señor; pero podía.

Caballero   ¿Hay tan gran bellaquería?

Inés

Trátele bien, que es honrado.

Caballero

¡Jesús! ¿Deshonestidades
en mi casa?

(Sale Lamberto.)

Lamberto

¿Qué es aquesto?

Caballero

Oh Lamberto, deshonesto
Ricote...

Inés

Hablando verdades,
no ha habido hasta agora nada.

Lamberto

Pues ¿qué es lo que había de haber?

Caballero

Llevadme aquesta mujer,
A la galera.

Inés

¡Ay cuitada!

Caballero

Llevadla.

Inés

¿Yo galeota?
¡Señor, duélante mis quejas,
que diz que rapan las cejas,
y allí una cómitra azota
hasta que se cansa!

Caballero

Ansí
no ofenderéis a Dios más.

Inés	Si agora perdón me das,
	yo os prometo desde aquí
	ser un ánima de Dios,
	una santa Catalina.

Inés

Si agora perdón me das,
yo os prometo desde aquí
  ser un ánima de Dios,
una santa Catalina.

Caballero

Lamberto, haced que Sabina
la tenga encerrada, y vos
  cuidad también de guardarla
hasta que busquemos medio
con que la demos remedio.

Inés

¿Encerrarme? Más matarla.

Caballero

  ¿Casaréisos?

Inés

        Eso sí.

Caballero

Pues sed vos mujer de bien,
que yo haré que dote os den.
Ea, llevadla.

Lamberto

      Vení.

Inés

  El verá qué bien apruebo
como casamientos haya.

Caballero

Tened cuenta no se os vaya.

Lamberto

  A casa, hermano, la llevo.

(Vanse.)

Caballero

  Que tenía en opinión
yo a Ricote de virtuoso,

mas siempre es dificultoso
conocer un corazón.
    Ya os entiendo, torpe vicio,
que, como entrada no halláis
en mi casa, os contentáis
con el más frágil resquicio
    de un criado, que el castillo
de más defensa y poder
tal vez se suele perder
por el más flaco portillo.
    Sin luz quiero aquí esperarle,
que no acabo de creer
sino que aquesta mujer
entró aquí para engañarle;
    sabré a oscuras lo que pasa
cuando la vuelva a buscar,
y un instante no ha de estar
si es que la trujo a mi casa,
    que de la torpeza ciega
rehuso la vecindad,
y la deshonestidad
es contagio que se pega.

(Sale Ricote.)

Ricote   De la mitad del camino
vuelve el temor mis pies,
recelando que mi Inés
tope mi medio Teatino.
    Cerrado en su sala está,
porque a la quietud se inclina,
y si no se disciplina,
o contempla o rezará.
    Aquí mi virtud quedó,

el diablo me precipita.
¿Inés, oyes, Inesita,
amores, si se durmió?

Caballero (Aparte.)   (¿Hay tal cosa, que en travieso
haya dado aqueste loco?)

Ricote   Basta ya la burla un poco.
Inés, aquí está tu hueso.

Caballero   ¡Jesús, qué hombre tan perdido!

Ricote   ¿Inés, fregoncilla mía?
Yo soy; el diablo seria,
Inés, que te hubieses ido.
    Ya está mi amo santurrón,
o rezando, o acostado,
mira que estoy rematado;
háblame, mi corazón.
    Ó está durmiendo o se fue,
voy por luz para saberlo.

(Vase.)

Caballero   No lo creyera a no verlo.
¡Cielos, que en mi casa esté
    hombre de tales costumbres!
Despediréle al momento.

(Sale Ricote con una luz.)

Ricote   Mucho, Inés, tus burlas siento;
basten ya las pesadumbres;
    háblame —¡cuerpo de Cristo!—

que no hay temer embarazos;
fregona, dadme esos brazos.
¡Ay, Jesús! ¿Qué es lo que he visto?
  ¡En las brasas hemos dado!
¡Oh quién no hubiera nacido!

Caballero   ¿Qué buscáis aquí?

Ricote   He perdido,
porque el rosario he quebrado,
  unas cuentas por aquí,
y traje luz para alzarlas.

Caballero   Cuentas, que mal podréis darlas
de vos.

Ricote   Algunas perdí,
  y como rezo por ellas
pesadamente le llevo.

Caballero   Andad, y de lo que os debo
mañana volved a hacellas.
    No estéis en mi casa más.

Ricote   Pues qué, ¿hay ya despedidura?
¿Es por Inés por ventura?
Si la mírase jamás
    un basilisco me mire.

Caballero   No me repliquéis, salid;
buscad señor en Madrid
a quien servir.

Ricote   No se admire

de cosas, vuesamerced,
humanas.

Caballero   ¿Cómo no ís?

Ricote   Si a la Red de San Luis
vivimos y en una red
    pesca el demonio por uso
tanto perdido mancebo,
¿qué se espanta si por cebo
una merluza me puso
    que picase en el anzuelo?

Caballero   Idos, que os haré llevar
a la carcel.

Ricote   Perdonar
los pecados manda el cielo.
    ¡Duélase de un pecador
lacayo!

Caballero   Sois deshonesto.

Ricote   Si se ha enojado por esto
yo me caparé, señor.

Caballero   Idos.

Ricote   Iránse importunas
tentaciones desde hoy;
escarmiento, pues me voy
despedido y en ayunas.

(Vase. Sale el Capitán.)

Capitán

En fe, señor, de la ayuda
que no ha mucho que me hicistes,
cuando mi honor socorristes,
es fuerza que agora acuda
    a ejecutar la palabra
que a mi pobreza habéis dado.
En Nápoles he alcanzado,
que en fin la paciencia
    labra de la justicia los pechos
la conducta que pedí,
y para salir de aquí
y pagar los gastos hechos,
    fuera de la cantidad
que me distes, y vos debo,
culpad, si veis que me atrevo,
mi muda necesidad,
    otros doscientos ducados.
Si me los dais, entended
que excusáis con tal merced
atrevimientos soldados;
    que, con algún desatino
haré, negándolo vos,
cosa en ofensa de Dios
que remedien mi camino.

Caballero

    Huélgome que despachado
de Madrid salga tan bien,
y que en Nápoles le den
premios de tan buen soldado;
    pero vuesa merced viene
en coyuntura terrible.
Por agora es imposible
socorrelle, que no tiene

esta casa un solo real;
pero procure volver .
mañana, que podría ser
acudirle.

Capitán (Aparte.)   (¡Pesia a tal!
A «mañana», y con «podría»
me remite. ¡Juro a Dios!)
Que he de salir a las dos
de la noche.

Caballero   Por un día
no es mucho que se detenga.

Capitán   ¡Voto a Dios! Que aunque procure
hurtarlo...

Caballero   Paso, no jure.

Capitán   Pues no me diga que venga
tantas veces, que un hidalgo
de mis prendas y valor
suele...

Caballero   Dígame, señor:
¿por dicha débole algo?

Capitán   Débeme mucho si mide
el empacho que me mueve,
porque al noble se le debe
lo que con vergüenza pide.
Mas no importa, que escalando
un par de casas tendré
con que pagar, y me iré

de hipócritas murmurando.
　　¡Voto a Cristo, que quien ruega
a quien guerras nunca ha visto!

Caballero

Pues ¿qué culpa tiene Cristo
de lo que un hombre le niega?

Capitán

Es costumbre envejecida.

Caballero

Prométame no jurar
por su vida, y le haré dar
lo que pide.

Capitán

　　　　　¿Por mi vida?
　　¿Es censo? Aqueso sería
morirme yo.

Caballero

　　　　　¿Y por un año?

Capitán

Es un siglo.

Caballero

　　　　　　¡Vicio extraño!
¿Un mes?

Capitán

　　　　　Tampoco.

Caballero

　　　　　　　¿Y un día?

Capitán

Por un día, aunque es tormento,
vaya, yo lo cumpliré.

Caballero

¡Jurará!

Capitán

　　　　　No juraré;

¡por el Santo Sacramento!

Caballero   ¿Pues jura?

Capitán   Esto es despedirme
del juramento postrero.

Caballero   Vuelva peor ese dinero
luego.

Capitán   Tengo de partirme
esta noche.

Caballero   Haré empeñar
cuanto tengo.

Capitán   Voy seguro;
mas ¡voto...!

Caballero   ¿Jura?

Capitán   No juro.
(Aparte.)   (¡Voto á Dios que iba a votar!)

(Vase.)

Caballero   No sé cómo cumplir pueda
lo que tengo prometido
a este soldado afligido
el corto plazo que queda.
   Dentro de un hora vendrá
por los docientos ducados,
y por excusar pecados,
¿qué no hallándolos hará?

                    Por remediarle con ellos
                  he de buscarlos; no hay prenda
                  mi Dios, que empeñe ni venda,
                  ni traza para tenellos.
                    Socorred esta desgracia
                  y volved, Señor, por mí;
                  mas ¿qué es esto?

(Sale un Ángel en traje de caballero.)

Ángel   ¿Vive aquí
                  el Caballero de Gracia?

Caballero   Yo soy el que buscáis.

Ángel   Cierta persona me envía
                  A que en alguna obra pía,
                  de las muchas en que estáis
                    todo el tiempo entretenido,
                  gastéis docientos ducados
                  que os traigo en oro.

Caballero   Cuidados,
                  el cielo os ha socorrido;
                    no sé con qué os satisfaga
                  la ocasión que llegáis;
                  a Dios, señor, los prestáis,
                  segura tenéis la paga.

(Saca un libro de caja.)

                    En este libro apercibo
                  lo que yo a pagar no basto,
                  en él asiento su gasto

y en él pongo su recibo.
  Firmad aquí que le dais
esos docientos ducados
a Dios, hidalgo, prestados.

Ángel   ¿Para qué a Dios los cargáis
               si al fin los recibís vos?

Caballero   Es ésta costumbre mía.

Ángel   Dios, Jacobo, os los envía,
             agradecedlos a Dios.

(Cáesele la capa y sombrero y vuela el Ángel.)

Caballero   ¡Válgame el cielo! ¿Qué es esto?
             Desapareció y se fue
             el que socorrió mi fe.
             De su talle y rostro honesto
               ¿será mucho que imagine
             que es Ángel vuestro mi Dios?
             Mas esto, juzgarlo Vos
             cuando yo no determine
               la verdad de esta ventura,
             aunque en el tiempo que corre
             solo es Dios el que socorre
             la pobreza a coyuntura.
               Buen fiador en Vos he hallado,
             pues mi palabra cumplís,
             y liberal no sufrís
             que se quiebre.

(Sale el Capitán.)

Capitán   ¿Habéis hallado
                       aquel dinero, señor,
                       porque he de partirme luego?

Caballero   Nunca Dios desprecia el ruego
                       de quien le pide favor.
                          Tomad y partíos seguro,
                       vuestras deudas socorred;
                       pero hacedme a mí merced
                       de no jurar.

Capitán   Ya no juro,
                          que, como os tengo por santo,
                       si vuestro gusto no sigo,
                       temo del cielo el castigo.

Caballero   No es nobleza jurar tanto;
                          pues sois caballero vos
                       hablad como caballero.

Capitán   Seguir el consejo espero
                       que me dais. Adiós.

Caballero   Adiós.

(Sale Lamberto, Sabina, Fisberto y otros.)

Lamberto   Jacobo, dadnos albricias,
                       aunque por lo que ganamos
                       que os las demos es más justo;
                       ya Juan Bautista Cataño,
                       cardenal de San Marcelo
                       el sumo Pontificado,
                       goza en la romana Silla,

132

y con el nombre de Urbano
Séptimo tiene en sus hombros
de toda la iglesia el cargo.
Por muerte de Sixto Quinto
todo el Colegio Romano
le adora por vice Dios.

Caballero   ¡Gracias a los cielos santos!

Lamberto   El cardenal, mi señor,
su sobrino, ha perdonado
mis travesuras.

Sabina   Y libre
a vuestra instancia, Conrado,
volviéndole a recibir
en su servicio y amparo,
también reduce a Lamberto,
y su hacienda y mayorazgo
le restituye y perdona,
por lo que debemos daros
las gracias mi hermano y yo.

Caballero   Dadme en albricias los brazos.

Lamberto   Partirémonos a Roma al punto.

Caballero   A la iglesia vamos
a darle el pláceme a Dios,
de su divino vicario,
que yo, después que en mi casa
seguro hospicio haya dado
a los clérigos menores
de virtud espejos claros,

pienso partirme a Toledo
a ordenarme de orden santo,
por que siendo sacerdote
tome el cielo con las manos.

(Sale Ricote de clérigo menor con un gran bonete.)

Ricote   Del ocio y mundo repudio;
no más chanzas y barrancos,
adiós, Inés fugitiva,
ya renuncio tu estropajo.

Fisberto   Ricote: ¿qué traje es éste?

Ricote   Éste es un traje esquinado
con cuernos que no deshonran;
¿no me ven embonetado?
Pues por mí dicen que dijo
nuestro refrán castellano
lo de «a come de bonete».

Caballero   Huélgome que reformado
estéis de vida y costumbres.

Ricote   Padre Ricote me llamo.

Caballero   Vamos a ver la princesa,
que no poco se habrá holgado
con la elección acertada
de su santidad.

Lamberto   Es tanto
lo que de este caballero
hay que decir, que lo guardo

para la segunda parte,
por lo que habéis estimado
al Caballero de Gracia
en Madrid sus cortesanos.

Fin de la comedia

Libros a la carta

A la carta es un servicio especializado para
empresas,
librerías,
bibliotecas,
editoriales
y centros de enseñanza;
y permite confeccionar libros que, por su formato y concepción, sirven a los propósitos más específicos de estas instituciones.
Las empresas nos encargan ediciones personalizadas para marketing editorial o para regalos institucionales. Y los interesados solicitan, a título personal, ediciones antiguas, o no disponibles en el mercado; y las acompañan con notas y comentarios críticos.
Las ediciones tienen como apoyo un libro de estilo con todo tipo de referencias sobre los criterios de tratamiento tipográfico aplicados a nuestros libros que puede ser consultado en Linkgua-ediciones.com.
Linkgua edita por encargo diferentes versiones de una misma obra con distintos tratamientos ortotipográficos (actualizaciones de carácter divulgativo de un clásico, o versiones estrictamente fieles a la edición original de referencia). Este servicio de ediciones a la carta le permitirá, si usted se dedica a la enseñanza, tener una forma de hacer pública su interpretación de un texto y, sobre una versión digitalizada «base», usted podrá introducir interpretaciones del texto fuente. Es un tópico que los profesores denuncien en clase los desmanes de una edición, o vayan comentando errores de interpretación de un texto y esta es una solución útil a esa necesidad del mundo académico.
Asimismo publicamos de manera sistemática, en un mismo catálogo, tesis doctorales y actas de congresos académicos, que son distribuidas a través de nuestra Web.
El servicio de «libros a la carta» funciona de dos formas.
1. Tenemos un fondo de libros digitalizados que usted puede personalizar en tiradas de al menos cinco ejemplares. Estas personalizaciones pueden ser de todo tipo: añadir notas de clase para uso de un grupo de estudiantes, introducir logos corporativos para uso con fines de marketing empresarial, etc. etc.

2. Buscamos libros descatalogados de otras editoriales y los reeditamos en tiradas cortas a petición de un cliente.